씨알사상과
민중신학 ✝

씨알사상과 민중신학

김명수 지음

한국학술정보(주)

"이 책은 2011학년도 경성대학교 학술연구비 지원에 의하여 연구되었음."

서언

필자는 1980년대 중반에서 1990년대 초반까지 세계교회협의회 (WCC)의 재정적 지원을 받아 독일 함부르크 대학교에서 유학생활을 한 적이 있다. 동대학교의 부설기관인 '선교 아카데미(Mission Akademie)' 에는 아프리카, 남미, 인도, 동아시아 등지에서 온 신학을 공부하는 젊은 목사 유학생들이 상당수 있었는데, 필자는 그들과 함께 공동생활을 하게 되었다. 환영 리셉션 자리에서 필자가 한국에서 왔다고 자기소개를 하자, 제3세계에서 온 많은 유학생들은 한국교회의 성장과 부흥에 대해 많은 관심을 갖고 여러 가지 질문을 했다. 그들의 관심은 두 가지로 요약될 수 있다. 조용기 목사로 대표되는 한국교회의 오순절 성령운동에 대한 궁금증이 하나이고, 독재정권에 항거하여 민주주의와 사회 소수자(Social Minority)의 인권수호를 위하여 투쟁한 민중신학운동이 다른 하나이다. 1970년대 전개되었던 오순절 성령운동과 민중신학운동은 한국교회를 세계교회에 널리 알리는 대표적인 브랜드였음을 알 수 있다.

한국교회의 대표적인 브랜드 중 하나인 민중신학운동의 창시자로서 학문적 기초를 놓았던 사람 가운데 안병무가 있다. 그의 신학사상 형성에는 여러 요인들이 있음을 찾아볼 수 있다. 서구신학의 학문 전통, 역사비평적 예수 탐구, 그리고 한국 근현대사에서 역사의 주체로 부상한 민중의 재발견도 그 가운데 하나이다. 그동안 그리스도교 역사와 신학의 변두리에서 그다지 주목을 받지 못했던 개념인 민중(People)을 화두로 삼아 신학의 중심 테마로 끌어들인 것은 안병무의 공이 아닐 수 없다.

안병무의 민중신학이 형성된 공시적(Diachronic) 지평은 1970~ 1980년대 한국사회의 억압적인 경제 정치적 현실이다. 아울러 통시적(Synchronic) 지평으로는 유영모와 함석헌의 씨알사상으로 이어지는 한국 전통 철학사상을 들 수 있다. 한국적 토양을 지닌 씨알사상은 필자가 보기에는 안병무의 민중신학 형성에 적지 않은 기여를 했다.

이들은 한국근현대사의 질곡을 온몸으로 부대끼며 살아오면서 한 편으로는 철저한 '내면의 성찰'과 '사회적 성찰'을 게을리 하지 않았고, 다른 한편으로는 동서 고전을 통하여 정신문화의 통섭通涉을 꾀했다. 이들의 노력으로 제3의 씨알민중사상이 탄생되기에 이르렀던 것이다.

필자는 씨알민중사상의 핵심을 생태휴머니즘(Eco-Humanism)으로
보고 싶다. 우리는 21세기 인류사회와 지구촌이 당면한 생태 묵시적
재앙을 해결할 수 있는 하나의 대안(Alternative)으로 생태휴머니즘을
빼놓을 수 없을 것이다.

이 책에서는 위 세 사람의 생애와 사상을 간략하게 살펴보고, 그들
사이의 사상적 상호연관성과 차이점을 밝혀보고자 한다. 이를 통해서
21세기 인류 미래가 나아갈 길이 무엇인지를 제시할 것이다.

2011년 10월

부산 金蓮山 和樂齋에서

日損 김명수

목 차

제1장
유영모, 함석헌, 안병무

인류는 지금 문명의 전환기에 서 있다. 제임스 와트에 의해서 증기기관이 발명된 이후(1765년), 과학기술적 세계관 위에 정초(定礎)하고 있는 서구 근대 물질문명은 묵시적 종말을 향해 질주하고 있다. 과학기술적 세계관은, 존재하는 모든 사물을 주체와 객체로 나누고 대상화하는 이분법적 사유방식에 입각해 있다. 지난 3세기에 걸쳐 지배적이었던 서구의 대상적 사유방식은 나와 자연을 분리해 보게 하였고, 자연을 인위적으로 조작함으로써 단지 인간의 편리를 도모하기 위한 도구 성노로 생각했다.

과학기술의 발달은 인류에게 물질적 풍요를 가져다주기는 했지만, 다른 한편으로 인간을 비롯한 자연생태계에 생태 묵시적 재앙을 초래하였다. 지구촌이 당면한 총체적 위기의 배후에는 생태계의 위기, 인간 자아상실의 위기, 사회 공동체성의 위기가 서 있다. 이러한 총체적 위기상황은 사물을 이분법적으로 갈라놓고 보는 대상적 사유방식과 무관하지 않다.

이제 인류는 지난 3세기 동안 서구의 물질문명을 주도했던 주객 이분법적 사유방식에 대해 근원적인 성찰을 하지 않으면 안 되는 시점에 서 있다. 이러한 물질문명의 위기에 직면하여 세계가 하나의 대안으로 아시아의 정신문명에 주목하고 있는 것은, 어찌 보면 역사의 필연인지도 모른다. 최근 세계 지배구조에서 확연하게 드러나고 있는 미국 문명의 퇴조와 중국 문명의 부상 또한 이와 연관성 속에서 보아야 할 것이다.

스리랑카의 종교신학자 알로이시우스 피에리스Aloysius Pieris는 아시아 신학의 전개를 위하여 동양의 기독교가 아시아적 에토스에 천착해야 함을 주장했다.[1] 아시아적 에토스를 규정짓는 특징으로서 그는 '가난의 영성'과 '종교적 영성'을 들고 있다. 예수가 요르단 강에서 요한 세례자에게 세례를 받고, 십자가에서 다시 한 번 세례를 받았듯이(Double Baptism), '아시아에 있는 교회(Church in Asia)'들은 아시아 '민중(가난)의 영성'으로 세례를 받고 아시아의 '종교적 영성'으로 세례를 받아야 한다고 했다. 동양의 기독교는 이와 같이 이중으로 세례를 받아야 진정한 아시아의 교회(Church of Asia)로 거듭날 수 있다고 주장했다.[2]

아시아적 민중의 영성과 종교적 영성을 두 축으로 삼아, 명실공히 '아시아의 신학(Theology of Asia)'을 모색했던 신학자 가운데 한 사람으로 안병무를 들 수 있다.[3] 그는 신학을 하는 데 있어서 서구신학의 비평적 방법론을 적극적으로 수용하고 있지만, 그와 더불어 그의 신학 전반에는 아시아적 가난의 영성과 종교적 영성이 살아 숨 쉬고 있음을 볼 수 있다. 그의 신학에서 양자는 고립되어 '따로' 존재하지 않고, 서로 소통(Communication)하며 상관(Correlation)되어 있다.

안병무의 신학을 접근하는 길에는 여러 갈래가 있을 수 있다. 본 글에서는 그의 신학을 아시아적 영성의 지평에 한정시켜 새롭게 조명해보려고 한다.4) 안병무의 아시아 신학 형성에 영향을 끼친 한국의 근대 사상가로는 유영모와 함석헌을 빼놓을 수 없다.5) 일찍이 동양의 종교철학 사상에 조예가 깊었던 유영모는 동양의 종교철학 사상 지평에서 기독교 복음을 보기 시작했다. 기독교 테두리 안에 머물러 있을 때보다 예수가 더 잘 보였다.

유명모는 1876년 개항 이후 조선왕조가 몰락하고 서구 근대문화가 본격적으로 유입되는 근대시기에 태어났다. 그는 유교와 한자 문화권에서 살았다. 반면에 그의 제자 함석헌은 한국 근현대사의 틈새 인물이다. 그는 동양 고전사상과 서구의 근대사상을 섭렵하였고, 이를 성서해석에 적극적으로 활용했다.

유영모와 함석헌에게서 볼 수 있는 성서해석 방법은 분석적이기보다는 직관적이며, 체계적이기보다는 탈체계적이었다. 일찍이 유영모는 부자유친父子有親의 신학을 제창하여, 유교의 '효孝' 사상을 매개로 독특한 하느님에 대한 효성신학孝誠神學을 강조했다.

유영모는 또한 도가철학 사상의 사유 틀을 빌려 기독교의 하느님을 비유적으로 설명했다. 도가철학은 우주만물을 대상화하여 보지 않는다. 살아서 시시때때로 변화를 거듭하는 생명의 과정으로 이해한다. 유영모는 도가철학의 사유방식을 도입하여 기독교의 하느님을 설명한다. 하느님은 유有도 아니고 그렇다고 무無도 아니다. 존재存在도 아니고 비존재非存在도 아니다. 하느님은 '없이 계신 분'이다.

유영모의 성서해석은 독특하다. 그는 성서말씀을 언제나 '오늘의 나'의 관점에서 읽어야 한다고 보았다. '나는 길이요, 진리요, 생명이

니……'라는 요한복음 14장 6절 말씀에서 '나(Ego)'를 유영모는 '개별자'인 예수에게 국한시킬 수 없다고 해석했다. '나'는 '보편적 나'이며, 동시에 유영모 자신을 가리킨다고 했다. 이와 같이 유영모는 성서의 '예수 이야기(Jesus Story)'를 언제나 오늘의 '내 이야기(My Story)'로 읽어야 한다고 주장했다.

안병무의 민중을 이해하는 데 있어서 중요한 준거準據 가운데 하나는 씨알이다. 씨알사상은 유영모에게서 유래한다. 유영모는 유교의 사서四書 중 하나인 『대학大學』에 나오는 한 구절을 풀이하면서, '민民'을 '씨알'로 옮겼다.6) 유영모에게 있어서 배움의 목적은 서구적 의미에서의 지식 축적이 아니라, '씨알 어뵘'이다. 곧 백성을 임금님처럼 보며, 민民을 섬기고 돌보는 일을 배움의 목적으로 삼아야 한다는 것이다. 여기에서 우리는 유영모의 씨알민본사상을 읽을 수 있다. 그는 예수를 '참씨알', 곧 민중민民中民으로 보았다. 하느님께 이르는 '생명줄'로 보았다. 예수를 믿는다는 것은 다른 것이 아니다. 예수의 생명줄에 내 생명줄을 잇는 것이고, 오늘의 내 삶에서 예수의 얼이 드러나는 것이다.

세상을 구원하려면 참씨알인 예수처럼 세상 짐을 져야 한다. 세상 짐을 지는 사람들은 권력자들이 아니라 그들에 의해서 눌린 씨알민중이다. 유영모는 노동자와 농민이 세상 짐을 지고 가는 어린양이라고 했다. 밥하고 빨래하고 청소하는 사람이 다름 아닌 세상을 구원할 자인 귀인貴人이라고 했다. 세상 짐을 지고 가는 '작은 짐꾼'이 씨알민중이라면, '큰 짐꾼'은 예수이다. 유영모는 씨알민중의 삶 속에 그리스도의 현존現存을 보았다. 그리스도는 씨알민중에게서 나온다. 안병무의 민중구원론은 유영모의 이러한 씨알사상과 연결되어 있음을 알 수 있다.

함석헌은 유영모로부터 물려받은 씨알사상을 사회·역사적인 차원으로 확대하여 적용했다. 그는 씨알사상을 한국 민중의 고난의 역사와 결부시켰다.

그는 씨알에 대해 그 어떠한 정의도 거부했다. 씨알을 언어로 규정할 수 없는 살아 있는 생명체로 보았기 때문이다. 씨알은 다만 난 대로 있는 사람이다. 못났기 때문에 하느님이 만들어준 본성과 바탕을 그대로 지니고 있는 사람이다. 우주론적 함의含意를 지닌 씨알이 역사의 지평에 등장하면 사회·정치적 계층인 민중이 되고, 뜻의 차원에서 보면 모든 사물의 바탈(바탕)이 된다. 씨알이 동動하면 '민중'이 되고, 정靜하면 '뜻'이 된다. 민중이 자기 자신의 뜻을 깨달아야 역사의 주체로 우뚝 설 수 있다.

씨알은 대우주를 품고 있는 소우주이다. 씨알 속에 전 우주가 들어 있다. 함석헌은 씨알과 우주의 관계를 하나 속에 전체가 들어 있고 전체 안에 하나가 들어 있는 일즉다다즉일一卽多多卽一의 관계 지평에서 해석한다. 씨알에서 영원과 역사가 하나로 합류되고, 하느님과 인간이 만난다는 것이다.

함석헌은 씨알 자체가 평화임을 말한다. 씨알이 있어야 할 자리에 있어서 제대로 능력을 발휘하게 될 때 진정한 평화가 가능하다고 보았다. 씨알이야말로 사람의 본 모습, 속마음, 때 묻지 않은 맨 정신이기 때문에 이를 추구하는 평화운동은 사회·정치적 차원을 넘어서 종교정신 운동으로 나아가야 한다고 보았다. 그는 한 실오라기의 두 끝이 하느님이요, 씨알이라고 보았다. 위에서 보면 하느님이요, 아래에서 보면 씨알이다. 예수야말로 씨알 중의 옹근 씨알이라는 것이다.

함석헌은 한 인격으로서의 조선민족이 겪은 고난의 역사를 예수의 십자가 고난의 지평에서 재해석하였다. 세상 죄를 지고 가는 하느님의 어린 양 예수의 고난이 인류를 구원으로 인도하였듯이, 조선민족이 겪는 고난의 짐이 세상을 구원으로 인도한다고 보았다. 그에게 조선민족의 고난은 곧 메시아적 고난의 성격을 지니고 있었다. 함석헌은 그리스도의 고난. 씨알민중의 고난, 조선민족의 고난을 하나도 아니고 그렇다고 해서 둘도 아닌 불일이불이적不一而不二的 관계론의 지평에서 해석하고 있다.7)

씨알사상, 한민족 사상, 세계평화 사상은 '고난'을 고리로 하여 서로 연속성을 지닌다. 함석헌은 역사와 민족의 주체인 씨알을 하느님과 직결시켜 이해한다. 하느님의 씨앗을 품은 존재가 다름 아닌 씨알이다. 세상 짐을 지고 가는 오늘의 씨알이 세계평화를 가져오는 메시아의 기능을 한다.

이와 같이 위에서 간단하게 언급된 유영모와 함석헌으로 이어지는 씨알사상에서 안병무는 신학적 자양분을 얻고 있음을 알 수 있다. 씨알사상의 맥을 계승하면서 안병무는 그의 씨알민중신학을 발전시켰다.

제 **2** 장

유영모 생애 스케치

한국역사에서 근대화의 시발점을 어디에 두어야 하는가의 문제는 학자들 사이에서 다양한 편차를 드러내고 있다. 실학자와 개화파 등 조선후기 사회의 지식인 엘리트 계층에 의한 근대화 시도가 무위로 끝난 후, 동학을 중심으로 하층농민이 주도하는 주체적인 해방운동이 일어났다. 동아시아에서 탈아입구脫亞入歐가 진행되던 조선말 역사의 해체기에 피압박 민중이 역사의 주인이라는 주체적 깨달음을 근대화의 시발로 잡는다면, 동학운동을 근대화의 출발점으로 잡는다고 해도 큰 무리는 없을 것이나. 농학의 창시자 최수운은 만민평등사상을 펼쳤다. 모든 사람은 하늘을 모시고 있기 때문에 존귀하다는 그의 시천주侍天主 사상은 유불선 3교와 기독교의 휴머니즘을 담고 있으며 동시에 그것들을 넘어서고 있다는 점에서 근대사상의 효시라 할 만하다.

이러한 근대 평등주의 사상은 동학농민해방운동에서 표출되었고, 일본제국주의 식민통치시대에는 독립운동과 3·1운동으로 이어졌고, 해방 후 이승만 정권하에서는 4·19민주학생운동으로 계승되었다. 박정희 군사정권하에서는 민주화인권운동으로 계승되었으며, 1980년대 에는 광주시민항쟁으로 표출되어 오늘에 이르고 있다.

유영모柳永模는 1890년 3월 13일 서울 남대문 수각교水閣橋 부근에 서 피혁상점을 경영하는 그의 부친 유명근과 모친 김완전 사이에서 맏아들로 태어났다. 비교적 유복한 집안이었다. 그는 5세 때부터 부 친으로부터 천자문과 동몽선습을 배웠고, 10살 때 수하동水下洞에 있 는 공립 소학교에 다니면서 한문을 배웠다.

유영모는 비교적 이른 나이에 기독교 신앙에 입문하였다. 1905년, 그의 나이 15세 때였다. 그는 서울 YMCA 총무 김정식金貞植을 만나 그의 인도로 연동교회에 출석하게 되면서 신앙생활에 입문했다. 당시 김정식은 미국 선교사 게일(J. S. Gale)과 함께 기독청년회(YMCA)를 창립하고 초대 총무로 있을 때였다. 연동교회에 출석하던 유영모는 교회 내에서 신도들 사이의 분열과 다툼을 목격하게 되면서 크게 실 망한다. 급기야 그는 제도권 교회를 떠나 독자적인 신앙노선을 걷게 된다.

유영모는 1907년, 17세에 경신학교에 입학한다. 그는 그곳에서 서 구의 새로운 학문(新學問)을 배울 수 있는 기회를 얻는다. 특히 과학 과 천문학은 그의 관심을 끄는 분야였다. 1910년, 유영모의 나이 20세 되던 해, 그는 춘원春園 이광수와 함께 설립자 남강南崗 이승훈에 의 해서 정주 오산학교 선생으로 초빙된다. 그는 그곳에 부임한 후 2년 에 걸쳐 학생들에게 물리, 화학, 천문학, 수학을 가르치게 된다.

유영모는 오산학교 초대 교장이었던 백이행으로부터 맨손체조와 냉수마찰 하는 법을 배웠다. 이때 배운 맨손체조와 냉수마찰이 평생 에 걸쳐 그의 건강을 지켜주는 비결이었다고 한다. 그는 수업을 시작하기 전에 기도하는 습관이 있었다. 그는 물리학을 가르치면서도 학생들에게 틈틈이 성경 말씀을 전하기도 했다. 그의 영향으로 학생들과 교사들 가운데 기독교에 관심을 갖는 숫자가 늘어났다. 유영모의 노력으로 오산학교는 기독교 정신에 의하여 운영되기에 이른다.

1910년, 오산학교에 부임하자마자, 춘원 이광수는 회오리바람을 일으켰다. 특히 톨스토이 문학의 휴머니즘 강의와 인도의 시성詩聖 타고르의 시에 나타난 자연주의 강의는 학생들을 매료시켰다. 춘원이 부임한 그해 11월 20일, 톨스토이는 외롭게 객사하게 된다. 당시 오산학교에서도 톨스토이 추모식이 개최되었다. 이 자리에 유영모도 참석했다.

이즈음에 유영모는 춘원으로부터 톨스토이 전집을 빌려 탐독했던 것 같다. 톨스토이의 글을 읽으면서, 유영모는 그의 인도주의적 기독교 사상으로부터 깊은 감명을 받게 된다. 기성교회에서 신의 아들로 섬기며 예배의 대상으로 떠받들고 있는 신적神的인 그리스도와 역사의 실재 인물 나사렛 예수 사이에 심원한 거리가 있음을 비로소 깨닫게 되었던 것이다. 유영모는 특히 교회 본위의 기독교 신앙을 싫어했다. 톨스토이의 영향이 컸던 것으로 보인다. 삶의 방식에 있어서도 그는 톨스토이로부터 많은 영향을 받았다.

유영모는 22세 때, 기독교 정통주의 신앙 및 교리(Dogma)에 대해서 결별을 선언한다. 그리고 독자적인 신앙의 길을 걷게 된다. 오산학교에 있을 때, 그보다 두 살 아래인 아우 영묵이 죽었다. 기성교회 신앙생활에 충실했던 아우의 죽음으로 인해서, 유영모는 기성교회의 신앙행태에 대해 더욱 회의를 하게 되었다. 당시 그는 같은 학교에서 교편을 잡고 있던 동료 교사 단재丹齋 신채호의 권유로 노자를 비롯

한 동양 고전과 불교 경전들을 접하면서 인간무상人間無常을 깨닫게
된다.

오산학교 교사직을 그만둔 유영모는 1912년 일본으로 건너간다.
그는 동경 물리학교에서 수학하면서, 당시 동경 한인 YMCA 총무로
자리를 옮겼던 김정식을 만난다. 그의 소개로 유영모는 우찌무라 간
조(內村鑑三)의 무교회無敎會 집회에 참석하게 된다. 우찌무라 간조는
'일본(Japan)'과 '예수Jesus'가 모두 J로 시작된다는 점에 착안하여 이
른바 '두 J론'을 주장했다. 곧 일본을 위해서 기독교가 필요하고, 동시
에 기독교를 위해서 일본이 필요하다는 것이다. 우찌무라 간조는 기
독교사상의 확장을 통해서 일본의 근대화를 꾀했던 일본 민족주의자
크리스천이었다. 그 공로를 인정하여 일본정부는 우찌무라 간조를 일
본을 근대화시킨 공로자 20인 중 하나로 선정하였다.

우찌무라 간조는 루터의 종교개혁을 정면으로 비판했다. 성서의
권위(*sola scriptura*)를 교회의 교권 위에 둔 것은 옳았으나, 루터는 곧
성서를 절대화하여 성서 숭배주의에 빠졌다는 것이다. 그리하여 그는
'제2 종교개혁'의 필요성을 부르짖었다. 우찌무라 간조는 한편으로
제도, 조직, 건물로서의 교회를 부정했고, 다른 한편으로 기성교회에
서 행하고 있는 성례전, 성직, 교파주의도 배격했다. 사랑에 기초한
영적 회중교회, 성서연구, 만인구원론 등이 우찌무라 간조가 일종의
대안으로 제시한 '제2 종교개혁'의 주 내용이었다.

유영모가 이러한 우찌무라 간조의 무교회주의 사상으로부터 어느
정도 영향을 받았음은 의심할 여지가 없을 것이다. 그러나 속죄론贖
罪論과 사도신경使徒信經을 기독교 복음의 핵심으로 간주하는 우찌무
라 간조의 기독교 정통주의 교리신앙에 대해서 유영모는 회의를 갖

게 되어 더 이상 무교회주의 모임에 나가지 않게 된다.

일본에서 돌아온 유영모는 1915년, 25세 때 김효정과 결혼한다. 그 즈음에 육당六堂 최남선이 펴낸 잡지『청춘』에 '農牛', '오늘' 등의 글을 실으면서 유영모라는 이름은 비로소 세상에 알려지기 시작하였다. 그러다가 1921년 31세 때 그는 조만식의 후임으로 오산학교 교장으로 부임하게 되었으나 일제가 1년이 넘도록 교장직을 인정하지 않았기 때문에 결국 그 자리를 떠나게 된다. 그 시절 유영모는 학생들에게 성경, 톨스토이, 간디, 우찌무라 간조의 사상들을 폭넓게 가르쳤다. 유영모가 몸 수행을 시작한 것은 아마도 이때부터인 것 같다. 그는 푹신한 방석보다 허리를 곧게 세우고 널빤지에 꿇어앉는 수행생활을 했고, 추운 겨울에도 냉수마찰을 거르는 일이 없었다. 유영모가 교장으로 있던 그 시절에 함석헌이 오산학교 학생이었다. 둘은 스승과 학생으로 만났던 것이다.

1928년 YMCA 간사 현동완의 주선으로 유영모는 성서연구 모임인 연경반研經班을 맡아 1963년까지 대략 35년 동안 이끌었다. 유영모는 단순히 성경만 가르친 것이 아니라 논어, 맹자, 노자, 장자 등 동양사상을 비롯하여 톨스토이와 간디의 비폭력 평화주의 사상 등 폭넓게 기르쳤다. 그래서인시 이 모임에는 기독교인뿐만 아니라 수녀, 승려, 유학자 등 다양한 종교적 성향을 지닌 사람들이 관심을 가지고 참석하였다.

1927년 일본에 유학하고 있던 우찌무라 간조의 제자 김교신이 귀국하였다. 김교신은 귀국하자마자 한편으로『성서조선』을 창간하였고, 다른 한편으로 무교회주의 모임을 활발하게 전개했다. 김교신은 함석헌을 통하여 유영모를 알게 된다. 그 후로 두 사람은 서로 친밀한 관계를 유지하며 교제를 나누었다. 김교신의 요청으로 유영모는 『성서조선』에 기고를 하기도 했고, 무교회주의 모임에 강사로 초빙되기도 하였다.

1935년, 45세 때, 유영모는 부친을 여읜다. 그동안 부친의 강요로 마지못해 운영하고 있던 제면소製綿所를 처분하고 그는 구기동으로 이사한다. 그가 평생 꿈꾸어 왔던 농사를 짓기 위해서이다. 톨스토이와 간디의 농장생활에서 이러한 영감을 받은 것 같다.

유영모가 본격적인 수행생활을 하기 위하여 단식을 생활화한 것은 그의 나이 51세 되던 해인 1941년 2월 17일이다. 유영모는 '여자와 남자가 맺는 일(結婚)'이 있으면 '푸는 일(解婚)'도 있어야 한다고 생각했다. 그는 해혼解婚을 선언하여 부인과 더 이상 잠자리를 함께하지 않고 그 이후로 오누이로 지냈다고 한다. 해혼이 부인과의 합의에 의한 것이었는지, 아니면 그의 일방적인 결정이었는지는 알 수 없다. 잣나무 판자 위에 담요를 깔고 누워 자기 시작한 것도 이 무렵이었다.

해혼 선언 후 1년이 지난 1942년 1월 4일, 유영모는 특별한 신앙체험을 하게 된다. 일종의 거듭남의 체험이랄까, 그는 이 체험을 '부르신 지 38년 만에 믿음에 들어감'이라는 시로 적어『성서조선』에 게재하였다. 그것이 어떤 형태의 체험인지는 알 수 없지만, 그는 이 체험을 했던 날을 신앙의 자리가 머리에서 가슴으로 이동된 날이었다고 술회한다. 이 체험을 계기로 그는 전적으로 하느님께 복종하는 신앙의 삶에로 들어섰다.

1946년 유영모는 광주에 있는 개신교 수도원인 동광원東光院을 방문하고, 그들의 금욕주의적인 신앙 자세에 크게 감명을 받는다. 그러나 그들의 속죄론을 비롯한 정통주의적 신앙 노선이 자기가 추구하고자 하는 신앙의 길과 다름을 알게 된다.

1945년 4월 25일 김교신의 죽음에 충격을 받은 유영모는 그와의 나이 차이만큼만 더 살 것이라고 생각하여, 자기가 죽는 날을 예언하였다. 1956년 4월 26일이 그날이다. 그리고 그날부터 그는 날마다 일지日誌를 쓰기 시작하였다. 매일 죽는 자세로 하루하루를 가장 보람되게 살겠다는 의지의 표현이었을 것이다.

그의 나이 87세부터 유영모는 톨스토이처럼 방랑생활을 하기 시작했다. 건강이 악화되기 시작하여 그는 1981년 2월 3일, 향년 91세(90년 10개월 21일을 살았음)의 나이로 하늘의 부름을 받았다.

제3장
유영모의 신학사상

천지인天地人 합일체험

1943년 2월 15일, 음력 설날, 유영모는 천지인 합일체험을 한다. 하늘과 땅의 기운이 자기 몸 안에서 하나로 관통하는 체험을 하게 되었다고 한다. 장구한 세월에 걸친 생명진화의 과정에서 인간은 하늘과 땅 사이에서 곧게 선 존재로 되었다. 하늘과 땅을 하나로 잇는 '사이적 존재(間存)'가 된 것이다. 인간이 발을 땅에 딛고 머리를 하늘로 향해 곧게 서서 다니는 것은 유구한 생명진화 과정의 결과물일 뿐만 아니라, 인간이 태생적으로 하늘을 그리워하는 선험적(*Apriori*) 본성의 나타남이다. 인간은 하늘과 땅 사이의 간존間存이 됨으로써 천지합일을 이루었다. 한민족은 오랜 시간에 걸쳐 천지인天地人 삼재사상三才思想을 발전시켜 왔다. 한글 구조에서 우리는 천지인 삼재사상을 찾아볼 수 있다.

한글 구조의 종교신학적 이해

유영모는 인간의 인간됨을 사람이 지니고 있는 종교적 성향에서 찾는다. 일차적으로 인간은 하느님과의 관계에서 자기 자신을 이해한다. "하느님이 계시냐고 물으면 나는 '없다'고 말한다. 하느님을 아느냐고 물으면 나는 '모른다'고 말한다. 그러나 사람이 머리를 하늘에 두고 산다는 것을 알기 때문에 그리고 사람의 마음이 절대를 그리워한다는 것을 알기 때문에 나는 하느님을 믿는다."

왜 사람에게 성욕性慾이 생기는가? 이성異性이 있기 때문이다. 왜 식욕이 생기는가? 밥이 있기 때문이다. 사람은 왜 머리를 하늘로 향하며 직립보행을 하는가? 왜 사람은 절대를 사모하는가? 하느님이 계시기 때문이다. 산천초목이 태양을 향하여 자라듯이, 사람은 하느님을 향하여 자라나게 되어 있다. 사람이 머리를 하늘에 두고 절대를 사모하는 마음이 있다는 것은 하느님이 계시기 때문이 아닌가? 유영모에게 하느님은 일차적으로 사변이나 인식의 대상을 넘어 믿음의 대상이다. 하느님은 관념의 대상이 아니라 삶의 한복판에서 대면해야 하는 분이다.

하느님의 존재 증명의 한 방법으로 유영모가 주목한 것은 우리말 한글이다. 한글은 소리글일 뿐만 아니라 심오한 철학원리를 담고 있는 뜻글이다. 구조분석을 통해서 유영모는 씨알 글씨인 한글에서 여러 가지 신학적 의미를 찾아내었다. 이러한 작업을 통하여 유영모는 한글이 하느님의 계시에 의해서 이루어진 글이라는 확신을 가지게 되었다.

한글은 천지인, 삼재사상과 자연의 순환체계를 상징하는 음양오행

설에 따라 설계되었다. 특히 유영모는 한글의 자음 처음 두 글자와 기본 모음의 분석에서 철학적 의미를 찾아낸다. 'ㄱ'과 'ㄴ'이 각각 하늘과 땅, 위와 아래 그리고 머리와 발을 나타낸다면, 기본 모음에 해당하는 '·', 'ㅡ', 'ㅣ'은 하늘(天), 땅(地), 사람(人)을 나타낸다.

유영모는 특히 사람을 지칭하는 위에서 아래를 향하여 곧게 내려 그은 막대기 'ㅣ'에 주목한다. 하늘과 땅을 잇고 소통케 하는 존재, 천지합일天地合一을 이루어지게 하는 존재가 '긋'이요, 긋 'ㅣ'는 다름 아닌 사람을 나타낸다는 것이다. 사람은 공간적으로 천지를 잇는 존재일 뿐만 아니라 시간적으로 시작과 끝을 잇는 존재이다. 그리고 수평적으로는 생명과 생명을 잇는 존재이기도 하다. 유영모는 하늘을 이고 땅 위에서 사는 인간의 모습을 '긋'(금을 긋다에서 왔다)이라 했다. 그는 '긋으로서의 인간 철학'을 말한다.(박재순) 생명의 맨 위 끄트머리에 하느님이 계시다면, 생명의 맨 아래 끄트머리는 사람이 있다. 그는 맨 처음부터 영원한 생명이신 하느님과 함께하는 나 그리고 하느님의 '한 끝'으로서 나를 이해하였다. 한 끝이 하늘에 닿아 있고, 다른 한 끝이 땅에 닿아 있는 'ㅣ 긋'을 유영모는 '고디'라고 불렀다. 머리를 하늘에 두고 두 다리를 땅에 딛고 서 있는 인간의 모습을 형상화한 '고디'는 하늘과 땅을 잇는 생명줄이다. 영원한 생명인 '고디'가 시간 속에 나타난 것이 '이' 긋이요, 공간 속에 나타나 인간의 육체 속에 정신이 깃든 것이 '제' 긋이다.

유영모는 하늘을 뜻하는 자음 기역('ㄱ')과 땅을 뜻하는 자음 니은('ㄴ') 사이에 한 점點을 찍고, 이를 '가온 찍기('ㄹ')'라고 하였다. 한글의 첫 두 자음과 모음(·)을 합하여 '가온 찍기'라고 한 것이다. '가온(ㄹ)'은 '가' 더하기 '온'의 합성어이다. 'ㄱ' 더하기 'ㅏ'는 '가'이다.

가고 가는 것이다. 'ㅏ' 더하기 'ㄴ'은 '온'이다. 오고 오는 것이다. 가온은 '가고 옴'이다. 시간의 영원성이다.

인간은 공간의 지평에서 하늘과 땅을 잇는 한 점이고, 시간의 지평에서 가고 옴을 잇는 한 점이다. 하느님과 소통하고 영원과 소통하는 지점, 곧 하느님과 하나 되고 영원과 하나 되는 지점이 가온 찍기이다.8)

유영모에게 있어서 인간은 하늘과 땅을 하나로 잇고, 순간과 영원을 하나로 잇는 고디이며 동시에 '가온 찍기'이다. 가온인 사람은 하늘과 땅의 '사이 존재(間的存在)'가 아니다. '사이'라는 개념은 갈라놓음을 전제한 개념이다. 본래 따로 존재하는 하늘과 땅이라는 두 실체 사이에 인간이 사이 존재로 있는 것이 아니라, 둘을 하나가 되게 하는 관계적 존재이다. 하늘과 땅이 하나가 되는 장場 그리고 시간과 영원이 하나로 통합시키는 소통의 장場이 다름 아닌 가온인 것이다. 인간은 고디이고 가온 찍기이기 때문에, 태생적으로 하늘을 그리워하고 하느님을 사모하게 되어 있다. 하늘을 그리워하고 하느님을 사모하는 마음을 가리켜 유영모는 속알이라고 했다. 유영모는 자신을 가리켜 '속알 실은 수레'라고 하기도 하였다.9)

유영모는 '내'가 한 점이 될 때 하늘과 통할 수 있고 하늘과 통할 때 진리에 도달할 수 있다고 했다. 나를 한 점으로 찍어 진리와 생명의 중심인 하늘을 향하여 솟아오르는 일과 제게로 내려가는 일이다.10) 마음에 점을 찍고 '하늘로 솟아오름'과 동시에 '제 속으로 파고 들어감'의 합일, 곧 내재적 초월이요 동시에 초월적 내재가 다름 아닌 그가 말하는 고디이며 동시에 가온 찍기이다. 유영모는 인생을 과녁이라는 목표점을 향해 날아가는 화살에 비유했다. 몸은 활이고 고디 정신은 화살이다. 몸이란 활에 정신이라는 화살을 끼워 쏘아야 과

녁에 명중시킬 수 있다.

이와 같이 유영모는 한글 구조를 분석함으로써 하느님과의 관계에서 자기(인간)를 이해하였다. 그의 구도적求道的 삶과 모든 종교사상의 핵심은 한마디로 '고디(貞)'와 '가온 찍기' 신학으로 수렴된다고 해도 지나치지 않을 것이다. 이와 같이 유영모는 한국의 토착적인 신학의 가능성을 열었다. 하늘과 땅, 순간과 영원, 초월과 내재, 삶과 신앙의 소통과 하나 됨을 추구하는 유영모의 '고디 신학'과 '가온 찍기 신학'은 현대의 관계론적 신학의 다양한 흐름들과 대화할 수 있는 여지를 담고 있다.

유교의 지평에서 본 하느님 이해

유영모에게 하느님은 특정 종교의 전유물이 아니라 우주의 근원이 되는 절대자에 대한 일반적인 호칭이었다. 따라서 하느님은 예수의 아버지일 뿐만 아니라 붓다, 공자, 노자의 아버지이기도 하다.

중국에서는 공자 이전에 쓰인 『시경詩經』, 『서경書經』, 『역경易經』 속에 나타나는 가장 두드러진 신 개념으로 천天과 상제上帝를 들 수 있다. 중국에서 처음으로 천天사상이 나타난 것은 요순시대로 거슬러 올라간다. 유목생활에서 농경생활로 바뀌면서, 고대인들은 불가사의한 자연현상들에서 신의 조화를 보게 되었고, 그중 우주만물을 지배하는 최고신을 천天으로 떠받들었다. 애초에 인격적인 신 개념으로 쓰였던 천天은 시간이 흐름에 따라 비인격적 개념으로 발전되어 갔다.

공자는 논어에서 인격적인 천天에 대하여 말한다. 그는 오십을 지

천명知天命의 나이라고 했다. 오십이 되어 비로소 하늘의 명을 알게 되었다는 것이다. 공자에게 있어서 천은 하나의 인격신의 의미를 담고 있음을 알 수 있다. 맹자에 이르러 범신론적 천관天觀이 나타난다. 그는 천天이 만물 속에 내재해 있다고 보았다. 만물을 낳고 기르는 것을 임무로 하는 인격적인 개념이었던 천天이 퇴조하고, 사시사철 순환과 생육하는 자연 속에 깃들어 있는 비인격적인 천을 말하고 있다. 맹자는 천天을 비인격적인 존재로 이해하고 있음을 알 수 있다.

이러한 유가의 천天사상이 유영모에게 영향을 끼쳤음은 물론이다. 유영모는 산천초목이 태양에서 왔기에 언제나 태양이 그리워 하늘을 향하여 뻗어가는 것처럼, 사람은 한아님에게서 왔기 때문에 머리를 하늘에 두고 꼿꼿이 서서 걸으며 하늘을 사모하며 산다고 했다. 유영모에 따르면 가장 이상적인 인간(君子)은 땅에 발을 딛고 살되, 하늘을 품고 사는 하늘의 아들을 말한다. 군자에 속하는 인물로 그는 예수, 석가, 공자, 노자를 꼽았다.

유영모는 특히 사서四書 가운데 공자의 손자 자사子思에 의해서 기록된 중용中庸을 애독하였다. 중용은 '천명지위성天命之謂性'을 말한다. 하늘이 명한 것, 곧 천지만물의 조화로움이 인간이 본래 타고난 성품이라는 것이다. 성을 따르는 것이 진리이다(率性之謂道也). 맹자는 인간의 성이 하늘에서 유래한 것이기 때문에 선하다는 성선설性善說을 주장했다. 유영모는 하늘의 명인 성性을 '하느님의 얼'이라고 했다. 하늘에서 유래한 얼을 좇아 지극정성을 다하여 진리에로 나아가는 것(誠之者人之道也), 그것이 예수가 말한 '영(Pnuma)과 진리(Aletheia)로 드리는 예배'라는 것이다.(요4:24)

다른 한편 유영모는 성性을 '바탈'이라고 했다. 바탈이 인간을 인간

답게 만드는 생명의 근원이다. 이 바탈에 하늘에서 유래한 정신이 주어졌다. 정신은 영혼을 길러내며, 영혼은 인간으로 하여금 신을 향하게 만든다. 인간은 본래 천상의 존재로서 하늘로 올라가려는 속성을 타고 났다. 인간 속에 내재되어 있는 하느님의 기운 곧 숨님이 인간을 생명에게로 향하게 한다. 하느님이 인간에게 주신 속알 영혼을 키워 참생명에 들게 하고 하늘에 이르게 하는 것이 인생의 목적이다.

유영모는 인간의 본래 타고난 성품이 있다고 생각했다. 그는 진리를 깨달아 생명을 얻고 자기 사명을 완수는 것을 일컬어 '바탈을 본다'고 했다. 바탈이 곧 얼인데, 그것은 하느님의 영이며 동시에 생명의 근원이기도 하다. 유영모에게 바탈, 얼, 영, 생명, 숨, 속알, 속사람은 연관성을 지닌 개념들로, 서로가 서로를 설명해준다. 유영모는 바탈을 생명을 잉태하고 기르는 여성적 이미지로 표현한다. 하느님의 영은 만물을 사랑으로 품고 모든 이에게 생명을 주는 어머니의 모습으로 활동한다는 것이다.

유영모에게 있어서 유교적 하느님 이해의 백미는 단연 부자유친父子有親의 하느님 사상에서 나타난다. 논어의 학이편學而編에는 '군자무본君子務本 본입이도생本立而道生, 효제야자孝弟也者 기위인지본여基爲仁之本與'라는 말이 나온다. 공자의 문하생 유자有子가 한 말이다. 그가 살고 있던 시대는 진시황에 의해서 중국 대륙이 천하통일이 되기 직전인 춘추전국시대였다. 말 그대로 전쟁이 끊이지 않았고, 가치관의 혼란 속에서 사회기강이 땅에 떨어진 시대였다. 어떻게 사회질서를 바로 세울 수 있는가?

군자무본君子務本, 위인지본爲仁之本이라 했다. 근본을 바로 잡기 위해 힘쓰는 사람이 이상적인 인간이라는 것이다. 인을 실천하는 근본을 일컬어 효제孝弟라고 한다. 사회가 가치관의 혼란에 빠져들수록 더욱 근본을 바로 세우는 일이 요청된다. 어지러운 사회의 기강을 바로 잡기 위하여 가장 먼저 해야 될 일이 무엇인가? 유자有子에 의하면 효제孝弟이다. 부모에게 효도를 다하고 형제간의 우애를 다지는 것이다. 사회는 가정에 의해서 구성된다. 따라서 가정이 바로 서지 않으면 결코 사회가 바로 설 수 없다. 그의 스승 공자도 나라와 세계를 바르게 다스리기 위해서는 수신제가修身齊家를 근본으로 삼으라고 하지 아니 했던가? 사회의 기강을 바로잡기 위해서는 부모공경과 형제우애가 선결의 문제인 것이다. 유가의 핵심사상인 인仁은 무엇인가? 그것은 이러한 효제孝弟의 사회적 확장과 연결되어 있다.

유교에서 '부모에 대한 효'를 사회윤리의 근본으로 삼고 있다면, 유영모는 그보다 더 근원적인 하느님에 대한 효에 대해서 말한다. 하느님 아버지에 대한 효가 인간 어버이에 대한 효에 비해서 우선해야 한다는 것이다. 하느님을 아버지로 모시고 사람을 섬기는 삶을 살았던 가장 으뜸가는 분이 누구인가? 예수이다. 예수는 하느님을 아버지로 섬기며 그분의 뜻을 이루기 위하여 십자가에 죽기까지 하였다. 하느님 아버지의 아들 노릇을 하기 위해서 몸까지 바쳤던 것이다. 유영모는 이러한 예수의 삶의 자세에서 하느님 아버지에 대한 효의 모범을 보았다. 예수는 하느님을 아버지로 섬기며 친밀한 관계를 유지하며 살다가 그분의 뜻을 이루기 위하여 몸과 마음을 다 바쳤다. 그리고 그는 이러한 예수의 효행을 본받아 우리도 자나 깨나 아버지 생각을 하고, 아버지 하느님께 효도하는 삶을 살아야 한다는 점을 강조했다. 하느님 아버지의 '효자 됨'을 신앙생활의 궁극적인 목표로 삼아야 한다는 것이다.

이러한 유영모의 부자유친의 효신학孝神學은 예수의 삶과 그의 가르침에 근거하고 있다. 하느님을 아버지로 부르는 호칭은 역사적 예수에 근거한다. 아버지 외에는 아들을 아는 이가 없고, 아들 외에는 아버지를 아는 이가 없다.(마11:25-27) 예수는 그의 제자들에게 기도를 가르치며 하느님을 '우리 아버지'로 부른다.(마6:9/눅11:2) 예수는 그를 따르는 민중을 향하여 '내 형제요 자매요 모친이다'라고 선언한다.(마12:50/막3:34/눅8:21/요20:17) 예수는 평화를 위해서 일하는 사람들(마5:9) 또는 원수를 사랑하고 박해자를 위해서 기도하는 사람들을 향하여 '하느님의 아들'이 될 것이라고 선언하였다.(마5:44-45/눅6:35) 요한복음에 따르면 예수의 이름을 믿는 자들에게는 하느님의 자녀가 되는 권능이 주어졌다고 한다.(요1:12) 바울에 따르면 하느님의 영으로 인도함을 받는 사람들은 하느님의 자녀일 뿐만 아니라, 그들은 하느님을 '아빠', '아버지'라고 부른다.(롬8:14-15)

불교의 지평에서 본 하느님 이해

유영모는 그의 동생 영묵의 죽음을 계기로 불교 경전을 깊이 탐독하게 되었다. 그는 공空과 무無사상에 크게 감명을 받았다고 한다. 유영모는 불교의 핵심사상을 담고 있는 경전으로 반야심경을 꼽았다. 불교의 방대한 경전 가운데 최초로 '대승(Mahayana)'사상을 선언한 경전이 다름 아닌 반야심경이다. 대승불교는 이른바 개인의 엄격한 수행을 통한 해탈을 중시하는 부파불교部派佛敎에 대한 일종의 대안운동의 성격을 지닌다고 볼 수 있다. 그 기본사상은 6바라밀(보시,

지계, 인내, 정진, 선정, 반야)과 보살사상에 집약되어 있다. 6바라밀 중에 4항목(지계, 정진, 선정, 반야)이 자기 자신과의 엄격한 수행을 통하여 해탈을 추구하는 방식이라면, 보시布施와 인내 바라밀을 비롯한 보살사상은 해탈의 방식으로 나눔을 통한 타자他者와의 관계성 회복을 강조한다. 내 옆에 사람 있음을 발견하고, 그와 어떤 관계를 맺고 사느냐에 따라 해탈이 결정된다는 것이다. 나눔을 통한 타자와의 관계성 회복에서 해탈을 추구하는 대승불교운동은 반야바라밀로 구체화되어 나타나고 있는데, 반야심경은 그중에서도 핵심에 속하는 경전이다.

반야般若는 지혜를 말한다. 사물을 이해하는 방식의 하나로 공空의 이치를 깨닫는 지혜가 다름 아닌 반야지般若知이다. 모든 사물은 본래 따로 본성이라는 것을 지니고 있는 것이 아니다. 단지 주어진 조건에 따라 생멸生滅을 거듭할 뿐이다. 다른 것과 연관 짓지 않은 그 자체의 독립적인 실체가 따로 존재하지 않는다. 모든 사물은 하나의 과정으로 그리고 잠정적으로 존재할 뿐이다. 나라고 할 만한 고정된 실체는 존재하지 않는다. 이 세상에는 나라고 할 만한 것도 없고 항상恒常인 것도 없다. 이를 무아無我 또는 무상無常이라고 한다. 본래 변하지 않는 것이 하나도 없고, 나라고 할 만한 것이 따로 없다는 무상무아無常無我사상에서 불교는 세상만물의 참모습을 보고 있다.

여기 책이 한 권 있다고 하자. 이 책이 있기 위해서는, 이 책을 읽을 독자가 있어야 하고, 저술한 저자가 있어야 하고, 만들어낸 출판사가 있어야 한다. 인쇄소가 있어야 하고, 종이가 있어야 하고, 나무가 있어야 한다. 나무가 있기 위해서는 산과 바람과 구름과 햇빛이 있어야 한다. 이와 같이 책은 책으로서의 고정된 실체가 따로 있는 것이 아니다. 책은 책이 아닌 것들, 곧 주변의 수많은 조건들에 의해서 비로소 형성된다. 그래서 우리는 책을 볼 때 책이 아님을 볼 수 있어야 하고, 책장을 넘기면서 하늘을 떠가는 구름과 햇빛을 볼 수 있어야 한다. 그리고 책은 독자의 정신세계를 풍부하게 해주는 자양분을 제공할 수 있다. 그러나 용도에 따라 때로는 무기가 될 수 있고, 불쏘시개가 될 수도 있고, 휴지가 될 수도 있다. 책이라는 고정된 본성이 따로 있는 것이 아니다. 우리는 책 한 권을 읽으면서 온 우주를 들여다보아야 하고, 온 우주 속에서 책 한 권을 볼 수 있어야 한다. 책이, 책이 아님을 보게 된다면, 비로소 우리는 책의 참모습을 볼 수 있게 될 것이다.

서정주는 '국화 옆에서'라는 시에서 불교의 공空사상, 곧 모든 존재의 상의상관성相依相關性을 아름다운 시어로 형상화하고 있다.

> 한 송이 국화꽃을 피우기 위해
> 봄부터 소쩍새는
> 그렇게 울었나 보다.

가을에 국화꽃 피는 것과 봄에 소쩍새 울음소리가 외견상으로는 시로 무관한 것 같으나, 실상은 연결되어 있다는 것이다.11) 모든 개체사물은 홀로 따로 존재하는 것이 아니라, 다만 다른 것과의 관계에서 존재하게 된다는 것이 공空사상의 핵이다. 공사상은 사물이 존재하지 않는다는 것을 뜻하지 않는다. 사물은 고정된 실체가 따로 없이 주어진 조건에 따라 생성변화의 과정으로 존재한다는 것이다. 연기사상緣起思想의 또 다른 표현이 공사상인 것이다.

유영모는 이러한 공사상의 지평에서 기독교의 하느님을 설명한다.

기독교에서 하느님은 일체 사물의 근거를 떠받치고 있는 궁극적 실재이다. 이에 해당하는 개념이 불교의 공인 것이다.12) 공은 사물의 있는 그대로의 모습(眞如)을 우리에게 보여준다. 사물은 A가 A가 아니면서, 동시에 A로 존재한다. 이것이 '색불이공 공불이색色不異空 空不異色이요 색즉시공 공즉시색色卽是空 空卽是色'이 의미하는 바이다.13) 현상과 본질이 다르지 않으며 본질과 현상이 다르지 않다. 현상이 본질이요, 본질이 현상이다. 현상과 본질 사이의 이러한 변증법적 관계를 유영모는 불이즉무不二卽無로 풀었다. '색즉시공 공즉시색'은 상대적인 유와 무를 떠난 둘이 아닌 세계 곧 무의 세계를 지칭한다는 것이다. 이러한 절대무絶對無의 세계를 그는 '빈탕'이라고 했다. 빈탕은 상대적인 유와 무의 세계를 포괄하고 궁극적인 진리의 세계이다. 빈탕의 세계야말로 인간이 추구해야 할 진리의 세계이며, 기독교적으로 번역하면 하느님 나라에 해당한다는 것이다.

유영모에 의하면 석가모니는 '빔이 맘 안에, 맘이 빔 안에 있음'을 깨달은 분이다. 이와 유사하게 예수는 '내가 아버지 안에, 아버지가 내 안에 있음'을 깨달은 분이다. 유영모는 불교철학의 '빔'의 지평에서 기독교의 하느님을 이해하였다. 그는 모든 존재의 가능태인 허공虛空을 빈탕으로 번역했는데, 시공을 넘어선 빈탕을 존재의 근원이요 시작으로 보았던 것이다. 궁극적 실재로서의 하느님의 실존은 공空이며 빔이다. 하느님은 초월적인 인격이며 동시에 내재적인 빔이다. 그런 의미에서 유영모의 하느님은 초월자이며 동시에 내재자이다. 색에 즉한 공(色卽是空)의 하느님이며, 동시에 공에 즉한 색(空卽是色)의 하느님이다. 유영모에게 있어서 불이즉무不二卽無의 하느님은 곧 '내재적 초월', 또는 '초월적 내재'로서의 하느님을 지칭한다.

도가철학의 지평에서 본 하느님 이해

유영모의 신관神觀에 있어서 가장 특징적인 것은 아마도 도가철학의 지평에서 본 하느님 이해일 것이다. 그가 노자의『도덕경』을 읽기 시작한 것은 21세부터였고, 그의 독특한 문체와 시각을 가지고 이 책을 한글로 옮긴 것은 1959년 그의 나이 69세 되던 해이다.

도가철학은 주객 이분법을 넘어서 우주만물을 하나의 유기적인 생명의 흐름으로 보는 일종의 통체철학統體哲學이라고 할 수 있다. 주체와 객체를 둘로 나누는 이른바 대상적 사유방식의 한계를 극복하기 위해서 도가철학이 추구하는 사유방식은 무엇인가? 우리는 흔히 사물을 이해하는 방식으로 논리를 사용한다. 일반적으로 논리는 주객 이분법적 사유방식 위에서 전개되는데, 거기에서는 논리를 구사하는 주체主體와 논리로 규정되는 객체客體가 엄격하게 이분화되기 마련이다.

그러나 살아 움직이는 존재의 참모습은 논리의 주체와 객체를 둘로 나누는 대상적 사유방식으로 파악될 수 없다는 데 고민이 있다. 이 고민을 해결하기 위해서 도가철학에서는 통상적인 논리방식으로 파악될 수 없는 존재의 참모습을 일상적인 논리와 다른 방식으로 설명하려 한다. 다시 말하면 논리의 주체와 객체를 해체함으로써, 더 이상 논리를 필요로 하지 않는 역설적(Paradoxical) 논리를 펼치는 방식으로 존재의 참모습을 드러내려 한다.

이러한 역설적 논리의 근거는 사물에 대한 독특한 통찰에서 비롯된다. 도가철학에 따르면, 개체사물은 각기 따로 있되, 다만 관계된 전체라는 틀 속에서 따로 존재한다. 따로 있으면서 따로 있지 않은 것이다. 따로 있음과 따로 있지 않음이 관계되어 통일을 이루는 방식으로 모든 사물은 존재한다. 이와 같은 방식으로 도가철학은 주체와 객체를 하나로 융합함으로써 인간과 세계, 인간과 사회, 인간과 자기 자신을 하나의 유기적 네트워크(關係網)로 본다. 주체와 객체를 따로 나누어 보지 않고, 관계된 하나로 보는 물아일체物我一體의 체험방식은 우주만물을 보는 것 없이 보고, 듣는 것 없이 들으며, 행하는 바 없이 행한다. 이러한 몸의 체험방식은 자연을 대상화하지 않고 자기화할 때 가능하게 된다.

노자는 도를 설명하는 데 있어서 '무엇이다'라는 긍정적인 표현을 쓰는 대신에 '무엇이 아니다'라는 부정적인 표현을 즐겨 쓴다. 도는 눈으로 보아도 보이지 않고(視之不見), 귀로 들어도 들리지 않으며(聽之不聞), 손으로 잡아도 잡히지 않는다(搏之不得). 이를 노자는 '이희미夷希微'라고 부른다. 뿐만 아니라 도는 위에서 밝게 나타나는 것도 아니며(其上不曒) 아래에 있다고 해서 어두운 것도 아니다(其下不昧). '모양 없는 모양(無狀之狀)'이요, '물체 없는 형상(無物之象)'이다.14) 이러한 부정의 변증법은 동양의 화법畵法에서도 나타난다.

동양의 화법畵法 중에 홍운탁월烘雲托月이 있다. 직접 달을 그리지 않고 달을 그리는 방법을 일컫는 말이다. 달을 그리지 않고도 주위의 구름을 그림으로써 달 모양이 스스로 드러나게 하는 기법을 말한다. 이런 경우 달이 있는 곳에는 아무런 운필運筆의 흔적이 없다. 달을 그리지 않았다고 해서 거기에 달이 없는 것은 아니다. 달 없는 달(無月之月) 또는 무無의 실체화라고나 할까. 모양을 따로 그리는 바 없이 달을 그리는 불화지화不畵之畵의 방법이라고나 할까. 홍운탁월은 화가가 직접 달을 그리지 않는다는 측면에서는 달 그림이 아니라고 할 수 있을 것이다. 그러나 주변에 구름을 물감으로 드리움으로써 달 모양이 스스로 그러한 모습으로 드러나게 한다는 측면에서 보면 달 그림이 아니라 할 수도 없다. 홍운탁월의 화법은 노자철학에서 말하는 도의 특징을 우리에게 잘 보여준다.

'존재 없는 존재'로서의 도

모든 사물은 어떻게 존재하고 있는 것일까? 우리의 일상적인 사고에 따르면, 있는 것을 있다고 하고, 없는 것을 없다고 말하면 참이 되지만, 있는 것을 없다고 하고 없는 것을 있다고 하면 거짓이 된다. 그러나 도가철학은 존재하는 것과 존재하지 않은 것을 양도논법兩刀論法으로 보는 이분법적 사유를 지양한다. 그들은 존재하는 것과 존재하지 않은 것의 관계를 동전 하나의 양면으로 본다. 존재하지 않은 것은 존재하는 것의 근거가 되고, 존재하는 것은 일정한 형形을 갖추지 않은 존재의 역동적 활동과정으로 이해된다. 이와 같이 존재하는 것과 존재하지 않은 것은 서로 나눌 수 없는 유기적 연관성을 지니고 있기 때문에 존재하는 것만으로는 존재할 수 없고 존재하지 않은 것만으로도 존재할 수 없다.

존재하면서도 존재하지 않고, 존재하지 않으면서도 존재하는 그런 존재란 있을 수 없는 것일까? 도가철학에서는 우주의 생성 근원인 도를 설명하는 데 있어서 '無○之○' 또는 '不○之○' 형식을 즐겨 쓴다. 이런 사유방식은 역설적逆說的 구조를 지니고 있어 형식논리상으로 볼 때 모순율에 어긋난다. '無○之○' 또는 '不○之○'에서 앞의 ○은 고립된 실체로서의 ○을 지칭하고, 뒤의 ○은 다른 사물과 관계를 가지며 전체와 통일을 이루는 ○을 지칭한다. 따라서 무無나 불不은 고립된 실체로서의 ○을 부정하고 있음을 알 수 있다. 무無○은 ○의 근거가 되고, ○은 무無○의 드러남이 된다. 대상화할 수 없는 우주만물의 이와 같은 역동적인(Dynamic) 실상을 도가철학에서는 '있음 없는 있음(無有之有)' 또는 '존재 아닌 존재(不存之存)'로 표현한다. '모양 없는 모양(無狀之狀)' 또는 '형체 아닌 형체(不形之形)'로 표현한다.

도가철학은 우주만물의 궁극적 존재 근거로서 도를 설정하고, 이를 바탕으로 우주만물의 연관성을 탐색한다. 개체사물이 다른 사물과 불가분의 통일적 관계망을 이루고 있다는 점을 설명하기 위하여 고안해 낸 장치를 도라고 한다면, 개별적 다양성을 지닌 만물이 통일적 존재 근거(道)를 잃지 않으면서 그 무엇에도 기댐이 없이 '스스로 그러하게' 생멸을 거듭하는 역동적인 과정 자체를 일컬어 무위자연이라고 한다.15)

도道는 큰 것에 있어서도 다함이 없고, 작은 것에 있어서도 소홀함이 없다. 넓고 넓어서 수용하지 않는 것이 없고, 깊고 깊어서 헤아릴 수 없다. 그러므로 도에서 세상만물이 갖추어진다.16) 도는 대와 소를 하나로 포괄하고 있기 때문에, 그 어디에도 따로 있지 않으면서 동시에 그 어떤 곳에도 있을 수 있다. 도는 현상을 초월하면서도 또한 현상 속에 내재해 있다. 도는 형체를 따로 지니지 않은(不形) 존재이기에 사물의 한계를 초월한다. 고정된 모양을 지니고 있지 않기에 도에는 한계가 있을 수 없다. 그러나 불형不形의 방식으로 형을 지니고 있다는 측면에서 보면 도는 역시 형체의 한계를 지니고 있다 하겠다. 개체사물을 떠나 따로 존재할 수 없기에 한계가 있을 수밖에 없다.

이와 같이 '한계 없는 한계(無際之際)' 또는 '한계 아닌 한계(不際之際)'를 지니고 있는 것이 도의 특징이라 하겠다.

도가 형체를 따로 지니고 있지 않은 방식으로 형체를 지니고 있다는 것은 무엇을 뜻하는가? 그것은 한계를 초월함과 동시에 한계 속에 내재하는 것을 뜻한다. 도는 '초월적 내재'이면서 '내재적 초월'의 존재라고 할 수 있다.

도는 형체가 없는 방식으로 형체를 지니고 있기 때문에, 있다고 말해도 안 되고 없다고 말해도 안 된다. 도는 개체사물의 궁극적 존재근거로 시공 속에 있기는 하지만, 개체사물처럼 구체적 형체를 따로 지니고 있지 않다. 즉 시공 속에 존재하면서도 동시에 그것을 초월한다. 따라서 도는 있으면서도 없고, 없으면서도 있는 '모양 없는 모양(無狀之狀)'을 지닌다. 도는 있다고도 말할 수 없고, 그렇다고 해서 없다고도 말할 수 없다. 있다고 말하고 싶지만, 그것을 어떤 고정된 실체로 파악할 수 없기에 있다고도 말할 수 없다. 그렇다고 없다고 말하고 싶지만, 우주만물이 그것을 근거로 생성변화하기에 그 존재성을 부정할 수 없다. 작용의 측면에서 보면 도는 분명히 존재한다(道用). 그러나 본질의 측면에서 보면 도는 고정된 모양을 갖추지 않고 있다(道體). 따로 존재함이 없이 존재하는 것, 곧 무존지존無存之存이 도의 존재방식인 것이다.

인간은 몸을 가지고 있는 것이 아니라 인간이 곧 몸이다. 몸으로 존재하기에 인간은 우주와의 소통이 가능하다. 몸은 우주로 구성되어 있기 때문이다. 그런데 인간의 몸은 오장육부를 비롯하여 다양한 장기臟器로 구성되어 있다. 신체의 여러 기관들은 각기 다양한 독자성을 발휘하면서도 서로 연관되어 통일성을 유지하여 한 몸을 이루고 있다. 신체의 각 기관들은 각기 주어진 고유한 역할을 수행하고 있지만, 동시에 유기적 연관성 속에서 전체와 하나의 통일성을 이루면서 존재한다. 유영모는 도가철학에서 말하는 이러한 도의 특징을 이용하여 하느님을 설명한다.

없이 계신 하느님

"우리의 생명이 피어 한없이 넓어지면 빔에 다다를 것이다. 곧 없이 계시는 얼나로 영생하는 것이다. 빔은 맨 처음이 됨으로 모든 생명의 근원이요, 일체만물의 근원이다. 곧 하느님이시다. 나도 인격적인 하느님을 생각한다. 하느님은 인격적이지만 사람 같은 인격은 아니라 신격이다. 내가 말하는 인격이란 '있·없(有無)'을 초월한 신격으로 전체인 맨 처음이란 뜻이다. 하느님을 찾는데 물질에 만족하면 안 된다. 있는 것에 만족 못하니까 없는 하느님을 찾는 것이다. 그래서 하느님은 없이 계신다."17)

우리는 흔히 '없음'을 '있음의 부재不在'라는 의미로 사용하는 데 익숙해져 있다. '있음'에 대한 부정의 형태로서 상대적인 '없음'을 말한다(None Being: Nicht Sein). 그러나 유영모는 상대적 개념으로의 '없음'을 말하지 않는다. 절대적 지평에서 본 '없음'을 말한다. 이를 그는 '가이 없음'이라고 표현한다.18) 일체의 경계나 울타리가 철폐된 자리가 '가이 없음'이다. 일체의 시간과 공간의 경계까지도 해체된 상태, 곧 무시무종無始無終의 '빈탕 한데'가 이른바 '가이 없음'이다. 유영모는 존재를 이해하는 데 있어서 이러한 '없음(無)'의 측면을 중시한다. 그에게 진리를 깨닫는다는 것은 곧 '가이 없음'을 알아, 빔(空)에 이르는 것이다. 있다는 것은 참으로 있는 것이 아니요, 없다는 것도 참으로 없는 것이 아니다. '있음과 없음'이라는 이분법적 사유를 여읜 '가이 없음'에서 유영모는 실재實在의 세계가 펼쳐진다고 보았다.[19)]

'없(無)이 없다'고 하는 데서 유영모는 서양식 존재론의 한계를 보고 있다. 기독교는 하느님을 있음의 영역 안에서 가두어놓고 일종의 유적類的 존재로 설명한다는 것이다. 하느님을 한계 지우는 서양 기독교의 유신론적 하느님에 대해서 유영모는 답답함을 느낀다고 했다. 성경에는 허공에 대한 이야기를 찾아볼 수 없다. 유영모는 주돈이의 '태극도설' 첫머리에 나오는 '무극이태극無極而太極, 태극이무극太極而無極'을 들어, 없는 것이야말로 가장 있는 것이고, 있는 것이야말로 없는 것임을 천명한다. 유영모는 있음과 없음의 변증법적 통일을 매개로 하느님의 존재를 증명하고자 했던 것이다.

『다석어록』에는 '없이 계신 아바(잏)'[20)]라는 표상이 자주 등장한다. 하느님은 유도 아니고 무도 아니다. 존재도 아니고 존재가 아닌 것도 아니다. '없이 계신 분'이 하느님이라는 것이다. 유영모는 하느님을 '형상 없는 형상' 또는 '비규정적 규정'으로 서술하고 있음을 볼 수 있다. '없이 계신 아버지'라는 표상 속에서 이성적 사유의 대상으로서의 유신론적 신 이해는 설 자리를 잃게 된다. 이러한 '없이 계신 하느님'은 인식의 대상이 아니라, 다만 믿음과 체험의 대상일 뿐이다.

하느님은 본래 이름이 없어야 한다. 언제, 어디서, 어떻게 생겨 무슨 이름으로 불린다면, 그것은 더 이상 하느님이라 할 수 없다. 유영모의 '없이 계신 하느님' 사상은 도가철학의 도 이해를 연상시킨다. 『도덕

경』1장에서는 '도가도비가도명가명비상명道可道非常道名可名非常名'
을 말한다. 도를 도라고 하는 말로 설명하면, 그것은 항상 그러한 도
가 아니고, 이름을 이름이라고 말하면, 그것은 항상 그러한 이름이 아
니다. 여기에서는 도道와 명名의 두 가지 차원을 말한다. 도에는 가도
可道와 상도常道가 있고, 명에는 가명加名과 상명常名이 있다. 인식 대
상으로서 언어로 표현될 수 있는 도, 곧 도의 현상적인 측면을 일컬
어 가도可道라고 한다면, 가도의 존재 근거가 되는 도, 곧 도의 본질
적 측면을 일컬어 상도常道라고 부른다. 이름도 마찬가지다. 부를 수
있는 이름, 곧 이름의 현상적인 측면을 일컬어 가명可名이라고 한다
면, 부를 수 없는 이름, 곧 이름의 본질적 측면을 일컬어 상명常名이
라고 한다. 모든 사물에는 이름이 있다. 그러나 그 이름은 고착화되지
않을 때, 항상 그러한 이름이라 부를 수 있다.

가도(色)와 상도(空)는 같지 않고, 가명(色)과 상명(空) 또한 동일시
할 수 없다. 가도와 가명이 인식 가능한 현상세계에서의 도를 일컫는
것이라면, 상도와 상명은 인식의 길이 끝난 본질의 세계에 있는 인식
불가능한 도를 말한다. 왜 '항상 그러한 도', 곧 상도常道의 세계는 이
성理性으로 파악될 수 없는가? 일정한 모양을 따로 지니고 있지 않기
때문이다. 따라서 우리의 인식작용으로 포착할 수 없다는 측면에서
보면, 상도는 '없다'고 말할 수 있을 것이다. 허나, 상도는 없다고도
말할 수 없다. 왜 그런가? 도는 우주만물을 관장하는 존재 근거로서
생성변화 과정에 참여하면서 현상 속에서 자신의 존재성을 확보하는
역동적 존재이기 때문이다. 구체적으로 모양을 드러내는 현상의 세계
와 달리, 그 어떤 고정된 실체를 따로 갖지 않은 방식으로 자신의 모
습, 곧 '모양 없는 모양을 지닌 도'를 일컬어 상도常道라고 말한다. 도

가철학에서는 '모양 없는 모양(無狀之狀)'을 지닌 상도常道를, 우주만물의 궁극적 존재근거로 설명하면서도, 바로 그 상도에서 우주만물이 생성되고 변화하며, 유지되고 소멸한다는 입장을 도가철학은 지니고 있다.

필자가 보기에는 이와 같은 유영모의 '없이 계신' 하느님 표상은 도가철학에서 상도常道를 설명하는 방식인 '무無○지之○' 또는 '불不○지之○' 도식과 연관성이 있어 보인다. 도가철학에서는 도의 본질(常道)을 나타낼 때 다양한 표현을 쓴다. '모양 없는 모양(無狀之狀)', '모습 없는 모습(無象之象)', '존재 없는 존재(無存之存)', '있음 없는 있음(無有之有)', '한계 없는 한계(無際之際),' '나 없는 나(無我之我)', '앎 없는 앎(無知之知)', '언어 아닌 언어(不言之言)', '함 없는 함(無爲之爲)'이 그것이다.

대상적 인식이 소멸된 그 자리에서 참된 인식이 스스로 그러하게 드러나게 된다는 것이다. 그 무엇인가 아는 바 없는 상태에서 아는 것이야말로 참 아는 것이다. 『여씨춘추』 '대악大樂'에서는 도에 대한 인식을 다음과 같이 설명한다.

도라는 것을 보려고 해도 볼 수 없고, 들으려 해도 들을 수 없으니, 모양으로 시을 수 없다. …… 도라는 것은 지극히 정미한 것이어서 모양을 지을 수도 없고 이름을 붙일 수도 없으니, 억지로 이름을 붙이자면 태일太一이라고 할 수 있다.[21]

유영모가 말하는 없이 계신 하느님은 바로 이 '태일太一'을 말하고 있는 것이 아닌가! 절대적인 하나, 곧 '큰 하나'를 유영모는 하느님이라 명명한 것이리라.[22]

물고기의 즐거움

어떻게 대상적 신 인식에서 벗어나 주객일체의 체험에 근거한 참 하느님 인식에 도달할 수 있는가? 이러한 고민이 유영모의 '없이 계신' 하느님 사상에서 엿보인다. 그러면 체험적 인식의 한 예로서 장자의 고사古史를 들어보자.

어느 날 장자와 혜시가 호濠의 다리 위에서 걷고 있었다.
장자가 혜시에게 말했다.
"피라미가 나와서 한가롭게 놀고 있으니, 기쁜 게로구나."
혜시가 말했다.
"자네가 물고기가 아닌데, 어떻게 물고기가 기뻐하는지 알 수 있는가?"
장자가 말했다.
"자네는 내가 아닌데, 어떻게 내가 물고기의 즐거움을 모른다고 단정 지어 말할 수 있는가?"
혜시가 말하였다.
"나는 자네가 아니어서 진실로 자네를 알지 못한다. 마찬가지로 자네는 물고기가 아니니 물고기의 즐거움을 알지 못하는 것이 확실하다."
장자가 말했다.
"처음으로 되돌아가보자. 자네가 '네가 어찌 물고기의 즐거움을 알까보냐'라고 한 것은, 이미 내가 알고 있다는 것을 알고서 나에게 물은 것이다. 나는 그것을 호의 다리 위에서 알았다."[23]

어떻게 물고기의 즐거움을 알 수 있는가? 이 물음 속에는 사람이 물고기와 하나가 될 수 있다면, 물고기의 즐거움을 알 수 있다는 전제가 깔려 있다. 물고기가 아니라면 물고기의 즐거움을 알 수 없다. 그러나 우리가 무아無我의 상태에서 물고기와 하나가 되는 자기체험을 할 수 있다면 물고기의 즐거움을 알 수 있다.

사물을 주체와 객체를 둘로 나누어놓고 보는 대상적 사유방식에서 주객일치의 체험적 사유방식에로 인식의 패러다임을 바꾸어, 사물을 보는 것 없이 보고(不見之見) 듣는 것 없이 들을 때(不聞之聞), 우리는 참인식에 도달하게 된다.

유영모의 '없이 계신 하느님'은 일체의 하느님의 대상화를 거부한다. 하느님의 관념화를 거부한다. 하느님을 보는 것 없이 보고, 하느님 말씀을 듣는 것 없이 듣는다. 없이 계신 하느님은 고정된 상相을 지니고 있지 않기 때문에, 모든 곳에서 모든 상相으로 체험된다 할 수 있다.

13세기 독일의 신비가 마이스터 엑카르트Meister Eckardt는 삼위일체의 신(God) 대신에 삼위일체의 근거가 되는 신성神性에 대해서 말한다. 이를 통해서 그는 대상으로서의 신(God) 인식을 극복하고 신과 내가 하나가 됨으로써 '참하느님(Godhead)'을 알게 된다고 한다. 디트리히 본회퍼Dietrich Bonhoeffer도 그리스도인은 성숙한 사회에서 '하느님 없이 하느님 앞에서(Ohne Gott, Vor Gott)'의 사는 법을 배워야 한다고 말했다. 이들의 신 이해는 신의 대상화(관념화)를 거부하고 하느님은 삶 속에서 체험적이고 실천적으로 만나야 하는 분이라는 점을 강조하고 있다는 점에서, 유영모의 '없이 계신 하느님'과 상통한다.

유영모는 '없이 계신 하느님'을 '모름'으로 표현했다. 유영모가 말하는 '모름'은 무엇인가? 그것은 칸트류類의 불가지론不可知論이 아니다. '모름'은 주객 이분법적 인식의 해체, 곧 대상적 인식의 해체를 말한다. 없이 계신 하느님은 '모름'이며, 인식작용이 아니라 오직 믿음을 통해서 만나게 되는 분이다. 하느님 앞에서 우리는 '오직 모를 뿐, 오직 믿을 뿐'이다.24) 모름을 모름으로 지킬 때, 우리는 대상적 신 인식을 넘어 '없이 계신' 하느님을 만나게 된다. (우리에게 인식된) 신이, 신이 아님을 보는 자리에서 우리는 참 신을 만나게 된다.25)

'없이 계신 하느님'이 삶 속에서 체험되는 자리는 어디인가? '고디(곧음)'의 삶이다. '하나 됨'의 삶을 통해서이다. 유영모는 일찍이 하나에 집중하는 사상을 펼쳤고, 하나(하느님)를 추구하는 삶을 살았다. 그는 일생을 하루(一日) 단위로 끊어 살았다. 인간은 하루를 살 뿐이요, 오늘을 살 뿐이다. '하루 살이'요 '오늘 살이'다. 아침에 일어나는 것을 다시 태어나는 것으로 그리고 저녁에 덮는 이불을 수의壽衣로 생각하였다. 그는 하루를 일생으로 살았고, 일일일생一日一生의 삶을 살았던 것이다. 유영모에게 하루는 일생이요 영원에 잇댄 시간이었다. 하루를 천 년같이, 그리고 천 년을 하루같이 살았던 것이다. 그는 일기장에 그가 살았던 하루하루의 날수를 기록하고 있다. 유영모만큼 철저하게 종말적으로 생각하고 종말적으로 살았던 사람도 아마 드물 것이다.

그는 하루 한 끼를 먹는 일일일식一日一食의 삶을 살았다. 아침식사는 조물주를 위하여 금식하고, 점심식사는 이웃을 위하여 금식하였으며, 저녁은 자기 몸을 위하여 공양을 드렸다고 한다. 일일일식의 습관은 그의 제자 함석헌을 비롯하여 여러 제자들에 의해서 전승되어 내려오고 있다. 그는 평생을 진리말씀(一言)을 탐구하고, 늘 끓어

앉고(一座), 한결같은 사랑(一仁)을 베풀며 살았다.26) '없이 계신 하느님' 앞에서 하느님과 하나 되는 삶을 체험적으로 살았던 것이다. 필자는 유영모의 일좌법一坐法을 생활화하고 있는데, 그의 일좌법은 머리와 목과 척추를 일직선으로 곧게 해준다. 이 자세는 머리가 맑아지고 호흡이 깊어져 명상이 잘 된다. 필자는 항상 일좌법의 자세에서 글을 쓴다.

유영모는 몸 수행가이다. '몸 성히, 맘 놓이, 바탈 태우기'를 생활신조로 삼았다. 생각(뜻)은 우리의 바탈(性)이다. 생각을 태우려면 마음이 놓여야 하고, 마음이 편하려면 몸 또한 성하지 않으면 안 된다.27) 몸, 마음, 생각(바탈)은 하나도 아니고 그렇다고 다른 것도 아닌 불일불이적不一不異的 관계를 이룬다. 이 셋이 유기적 통일을 이룰 때, 자기의 정신을 불사르는 아름다운 예술의 세계가 펼쳐진다고 그는 생각하였다. 유영모는 몸, 마음, 바탈의 유기적 통일을 이루기 위하여 하루 한 끼 식사를 하였다. 그는 곧은 숨, 곧은 생각, 고디의 삶을 살았다. 유영모는 '고디 신학'을 제창했을 뿐만 아니라, '고디의 삶'을 살았다. 그의 곧은 삶과 곧은 정신 그리고 곧은 사상은 한마디로 '고디의 체화(體化: Embodiment)'였고 '고디의 화육(化肉: Incarnation)'이었다고 밀해노 시나지지 않을 것이다. 유영모가 말하는 '없이 계신' 하느님, 곧 무존지존無存之存의 하느님은 우주만물 속에서 그리고 우리의 생활세계 한복판에서 대면하는 하느님 외에 다른 것이 아니다. 이미 2천 년 전에 바울은 우리의 삶에서 만나는 일 없이 계신 하느님을 훌륭한 시어로 표현하고 있다. 그것은 우리의 몸을 하느님께 산 제물로 드리는 영적 예배인 것이다.

"여러분은 여러분의 몸을 하느님께서 기뻐하실 거룩한 산 제물로 드리십시오. 이것이 여러분이 드릴 합당한 예배입니다. 여러분은 이 시대의 풍조를 본받지 말고, 마음을 새롭게 함으로 변화를 받아서, 하느님의 선하시고 기뻐하시고 완전하신 뜻이 무엇인지를 분별하도록 하십시오."(롬12:1-2)

제**4**장
함석헌의 생애 스케치

　한 인물의 사상을 바르게 이해하기 위해서는 그가 살았던 시대적 상황에 대한 이해가 선행되어야 한다. 인류역사에 나타난 모든 사상은 토인비가 지적했듯이 그 인물이 살았던 역사적 상황의 도전挑戰에 대한 어떤 형식으로든지 주관적인 대응의 성격을 지니고 있기 때문이다. 한 인간의 사상은 그가 살았던 역사적 상황을 규정하는 측면도 있지만, 역逆으로 그가 놓인 역사적 상황에 의해서 그의 사상은 규정되기도 한다. 한 인간의 사상과 그가 놓인 역사적 상황은 하나도 아니면서 그렇다고 따로 떼어놓고 생각할 수도 없다. 양자는 불일불이不一不異의 변증법적 관계 속에서 한 인간의 삶과 인격을 형성해간다. 우리가 함석헌의 종교사상을 살펴볼 때도 이 점이 간과되어서는 안 될 것이다.

　함석헌은 19세기가 끝나고, 새로운 20세기가 시작되는 1901년 평북 용천의 독실한 개신교 장로교회 집안에서 장남으로 태어났다. 그는 어린 시절에 어머니 김형도로부터 자립적인 생활습관을 이어받았고, 그의 삼촌인 한학자 함일형에게 한문을 깨치고, 민족주의 정신과 기독교 신앙 사이의 조화로운 삶을 배웠다. 그는 일찍이 기독교 정신으로 세워진 덕일소학교에 입학하여 기독교 신앙과 근대적인 교육을 받았다.

함석헌은 16세 때에 평양고등보통학교에 입학하여 다니다가, 3학년 때에 3·1운동이 터졌다. 그는 3·1운동에 가담한 연유로 결국 더 이상 학교를 다니지 못하고 중퇴하였다. 3·1운동에 참여하면서 함석헌은 민중民衆과 민족民族이 만나는 소중한 경험을 하게 된다. 1921년 사촌 형 함석규 목사의 권유로 오산고등보통학교 3학년에 편입한다. 기독교 신앙과 민족주의 정신을 근간으로, 민족주의 정신에 투철했던 남강南崗 이승훈에 의해서 세워진 오산학교는 함석헌의 삶과 민족사상 형성에 결정적인 계기를 마련해주었다.

1907년 안창호는 기독교 인사들을 중심으로 신민회新民會를 조직했다. 나라가 살려면 씨알민중이 새로워져야 한다는 뜻에서, 씨알민중의 혼魂과 정신을 일깨워 바로 주체적으로 세우는 교육을 하고자 했다. 이승훈도 신민회 운동에 가담하면서 오산학교를 설립하고, 3.1운동을 주도했던 것이다. 오산학교에서 이승훈, 유영모, 함석헌이 만나 씨알사상이 형성되기에 이른다. 이들은 씨알민중적인 삶과 정신에 있어서 서로 밀접하게 연결되어 있었다.

오산학교에서 있으면서 함석헌은 남강南崗 이승훈으로부터 투철한 민족주의 정신을 이어받고, 다석多夕 유영모로부터 예수 사상과 노자, 장자를 비롯한 동양사상과 토착적인 한국 사상을 이어받는다. 특히 함석헌이 평생 동안 진리의 화두로 삼았던 '씨알사상'은 유영모로부터 영향을 받았다. 함석헌은 유영모로부터 학문과 지식을 배우는 데 그치지 아니 하였다. 그는 오산학교에서 만난 다석多夕으로부터 자신의 몸과 맘을 진리 앞에 산 제사로 드리는 영성적靈性的인 삶의 실천을 배웠다.

1923년 함석헌은 남강南崗의 주선으로 동경 유학길에 오른다. 그는 동경고등사범학교에 입학하여 역사, 윤리를 공부하던 중, 오산학교 동창생인 김교신을 만나게 되고, 그의 주선으로 무교회無敎會 운동의 창시자 우찌무라 간조(內村鑑三)의 성서연구 집회에 참석하게 된다. 함석헌은 그의 무교회無敎會 신앙과 사상에 깊은 감명을 받는다. 함석헌은 우찌무라로부터 세례를 받고, 그의 '두 J론'으로부터 민족주의와 기독교 신앙은 별개로 존재하는 것이 아니라, 서로 만날 수 있고, 하나로 통전統全될 수 있다는 확신을 가지게 된다. 그 후 그는 '신앙'과 '민족'을 두 축으로 하는 그 나름대로의 독창적인 민족사관民族史觀을 형성하게 된다. 그의 대표 저서인『뜻으로 본 한국역사』는 일본 민족주의적 기독교 사상을 펼친 우찌무라 간조의 신학사상에 힘입은 바 크다.

1928년 귀국한 함석헌은 모교인 오산학교에서 10년 동안 역사를 가르치며 교사생활을 하게 된다. 이 시기에 동경의 우찌무라 간조의 싱서노임에서 만났던 김교신이 오산학교 교사로 재직하고 있었다. 그는 함석헌보다 1년 전에 귀국한 터였다. 김교신은 6명의 신앙동지들을 결성하여 1927년 신앙잡지인『성서조선』을 발간하기에 이른다. 그들이 추구하는 기독교 사상과 민족주의 사상을 펼치기 위해서였다. 아마도 기독교 신앙에 뿌리를 둔 민족주의를 추구한다는 뜻에서『성서조선』이란 이름이 붙여졌을 것이다.

함석헌도 그들의 무교회無敎會 신앙운동에 가담하였고, 그 뜻에 걸

맞게『성서와 조선』지에 대략 3년(1933~1935)에 걸쳐 「성서적 입장에서 본 조선역사」라는 제하題下의 장편 글을 연재하였다. 이 시기에 일본인들은 식민사관을 만들어 조선인들에게 식민교육을 본격화하였다. 조선민족은 천성天性이 나태하고 의타적이기 때문에 스스로 독립할 수 없고 일본의 지도와 계몽이 필요하다는 것이 그 요지이다. 함석헌이『성서조선』에 기고한 조선사 관련 글들은 일제식민사관의 도전挑戰에 대한 조선민족사관의 응전應戰이라고 볼 수 있다. 함석헌은 4천 년 조선역사를 좌절과 굴욕 그리고 실패의 연속이라고 진단한다. 동네 건달들로부터 수없이 능욕당하고 쫓겨 다니다가 지쳐서 길바닥에 쓰러져 울고 있는 넝마를 걸친 처녀 아이의 모습에서 그는 조선역사의 참담한 자화상을 보았다.28)

　1938년 중일전쟁이 일어나자 일제는 더욱 노골적으로 탄압하기 시작했다. 한반도에 있는 모든 교육기관과 학교에서 조선어 사용과 조선역사를 가르치는 일이 금지되었다. 오산학교도 예외일 수 없었고, 조선역사 대신에 일본역사를 가르쳐야 할 처지에 놓이게 되었다. 함석헌은 오산학교 교정을 떠날 수밖에 없었다. 10여 년에 걸친 오산학교의 교사생활이 함석헌에게는 그의 생애에 걸쳐 정규 봉급을 받았던 처음이자 마지막 직장생활이었던 셈이다. 오산학교에서 추방당한 함석헌은 1940년 3월에 김두혁이 경영하던 평양 부근의 농사학원을 인계받아 경영하면서 제자들에게 오전에는 성경, 조선역사를 가르치고 오후에는 농사일을 가르쳤다. 그러나 그해 8월에 김두혁이 공산주의 운동에 가담했다는 죄목으로(계우회 사건) 동경에서 체포되었다. 그는 1년 동안 구금을 당했다. 1942년에는『성서조선』이 158호로 폐간당했다. 이 잡지 발행에 관여했던 김교신과 함께 함석헌도 체포되어 1년 동안 서대문 형무소에서 옥고를 치러야 했다.

그는 감옥을 '인생 대학'으로 여겼다. 위기를 신앙적인 의식을 확장시키는 기회로 만들었던 것이다. 한 평도 안 되는 감방 속에서 그는 동서고금의 수많은 서적들을 탐독하면서 의식과 사상의 폭을 넓혀갔다. 특히 톨스토이의 아나키즘에 근거한 기독교 휴머니즘 사상, 러스킨의 기독교 사회평등 사상, 노장의 무위자연과 평화 사상, 반야심경의 공空 사상 등이 그에게 큰 감명을 주었다. 이러한 폭 넓은 독서를 통해서 함석헌은 모든 종교가 뿌리로 내려가면 결국 하나로 만나게 된다는 사상을 가지게 된다.

그는 출옥 후 농사일에 전념하며 빈곤 속에서 가족들의 생계를 유지해 갔다. 1945년 해방을 맞아 북쪽에 소련군이 진주하였다. 초창기 소련군정은 기독교 민족주의자들을 흡수하려는 전략을 세우고, 일제시대에 감옥을 네 번이나 다녀왔고 창씨개명을 끝까지 거부한 함석헌을 평안북도 문교위원으로 임명하였다. 그러나 신의주학생 봉기가 일어나자, 소련군정은 그들의 말을 듣지 않는 함석헌을 그 배후조종 인물로 몰아 수감한다. 그들은 함석헌을 석방하여 첩자로 이용하려고 한다. 함석헌은 공산주의자들의 회유정책을 도저히 피할 수 없다고 판단한다. 그는 고심 끝에 가족들을 남겨두고 월남을 결행한다. 1947년 3월의 일이다.

월남 후 함석헌은 서울 YMCA 강당에서 성서공부 모임을 시작한다. 그는 공개강의를 통하여 기독교의 사회적 책임을 강조했다. 그는 성경을 바르게 이해하기 위해서는 열린 마음을 가지고 다른 종교에 대한 인식의 폭을 넓혀가야 한다고 역설하였다. 다섯 손가락이 한 손목에서 만나듯이 모든 종교는 비록 그 나타난 현상은 각기 다르지만 결국 한 뿌리에서 만난다는 것이다. 그는 기독교라는 방房에만 있을 때보다, 유교, 불교, 힌두교, 노장사상 등 다른 종교의 방房에 들어가 의식의 폭을 확장시킬 때, 성경의 진리가 보다 선명하게 이해된다고 자주 말했다. 많은 기독교 지식인들이 함석헌의 종교 모임에 관심을 보였고, 당시 대학생이었던 안병무, 김용준, 김동길은 그의 사상에 영향을 받고, 평생의 동지가 되었다.

1950년 6.25 전쟁이 일어난다. 함석헌은 부산 피난길에서도 매주 성서공부 모임을 계속하였다. 전쟁이 끝난 후 함석헌은 다시 서울로 돌아온다. 당시 이승만은 정동교회 장로로서 나름대로 신앙이 돈독한 기독교인이었는데, 자유당 정권은 기독교인과 비기독교인 차별화 정책을 쓰고 기독교인에게 특혜를 베풀어줌으로써 그들의 지지를 얻는 정책을 폈다. 이런 상황에서 이승만 부패정권을 공개적으로 비판하는 기독교인은 극소수에 불과했다. 소위 신앙의 근본주의를 내세우며 이승만 정권에 맹종하면서 자기 이익을 챙기는 한국보수교회들의 오만에 대해 함석헌은 강하게 비판한다.

1956년 1월, 함석헌은 장준하의 요청으로 당시 남한 지식인 사회에 큰 영향력을 끼친 『사상계』에 '한국기독교는 무엇을 하고 있는가'라는 글을 발표하였다. 1958년 8월호 『사상계』에 함석헌은 '생각하는 사람이라야 산다'를 발표하였다. 이러한 함석헌의 글들은 당시 진보적인 입장을 견지했던 많은 지식인들을 감동시켰고 그들로부터 큰 호응을 얻게 된다.

1961년에 들어서면서 한국 기성旣成 교회들의 조직과 배타적인 교리에 회의를 느끼고 있던 함석헌은 퀘이커교에 관심을 갖기 시작한다. 그때까지만 해도 개인주의 신앙에 익숙해 있던 함석헌은 퀘이커교 모임에 참석하면서부터 침묵의 중요성, 윤리적 신비주의, 신앙의 공동체성, 과학적 신앙, 휴머니즘, 종교다원주의 등 그가 지금까지 깊이 생각하지 못했던 기독교 신앙의 새로운 차원을 만나게 된다. 이를 계기로 함석헌은 보다 합리성과 보편성을 띤 신앙의 세계로 나아가게 된다.

이제 함석헌에게는 정통주의 기독교와 무교회주의자들이 주장하는 바와 같이 기독교만이 우월하거나 유일한 참 종교도 아니었다. 기독교 경전인 성경만이 참진리를 가르치는 것도 아니었다. 함석헌은 특정 종교의 테두리를 넘어서 기독교의 하느님, 유교의 하늘(天), 힌두교의 브라만을 아우를 수 있는 보다 보편적인 개념으로서 '뜻'을 내세운다. 이러한 시각에서 그는『성서적 입장에서 본 조선역사』를 『뜻으로 본 한국역사』로 대폭 수정 개편하여 한국역사에 대한 보다 보편적인 의미와 가치를 추구하였다.29)

1961년 5월 16일 박정희의 군부 쿠데타와 그의 후예들에 의해 정권이 장악되면서 제3공화국이 들어서게 되었다. 이에 항거하여 함석헌은 반독재 민주화 투쟁에 적극적으로 참여하기 시작하였다. 함석헌은 1970년 70세에『씨알의 소리』를 창간하여 민중을 일깨우는 운동을 떨쳤고, 다른 한편으로 무기력한 야당을 대신하여 윤보선, 장준하, 안병무, 문익환, 이문영, 한완상, 김찬국 등 진보적인 기독교 지식인들과 함께 재야 민주화운동을 펼쳐나갔다. 그는 1976년 3월 1일 명동성당에서 있었던 '민주구국선언' 사건으로 수감되어 김대중, 문익환, 함세웅, 안병무를 비롯한 재야인사들과 더불어 옥고를 치루기도 하였다. 1980년 전두환 계엄당국에 의해서『씨알의 소리』는 창간된 지 만 10년 만에 폐간당하고 만다. 함석헌은 1985년 노벨평화상 후보로 추천되기도 하였고, 1987년 암으로 입원하여 투병생활을 하던 중 1989년 2월 4일 소천召天하였다. 함석헌의 소천한 날짜가 그의 스승 유영모(1981년 2월 3일)와 하루 상간이다.

함석헌은 20세기 초에 태어나, 일제와 해방과 남북분단, 6·25전쟁과 이승만 독재정권, 그리고 박정희 군사독재 시절 등 지난 1세기에 걸친 한국 근대사의 격동기를 온몸으로 살아온 시대의 양심이면서 종교인이었다. 그는 냉전 이데올로기와 흑백논리가 지배하던 시대에 세속적인 출세나 성공을 추구한 것이 아니라, 지배계급에 의해 억눌리고 생존권을 박탈당한 씨알민중에 바탕을 둔 옳음의 삶을 추구했던 실천적 사상가이다.[30]

제5장
함석헌의 씨알사상

함석헌 사상의 계보

함석헌의 씨알사상 형성에 영향을 끼친 사상들은 여럿 있다. 첫째로 동양의 노장사상을 빼놓을 수 없다. 그는 노자를 인류역사에서 평화주의를 부르짖었던 첫 사람이라고 소개한다.

둘째로 마하트마 간디의 비폭력 평화주의를 들 수 있다. 그는 힌두교 경전인『바가바드기타』를 번역했을 뿐만 아니라 간디의 삶 속에서 힌두교의 근본적인 평화사상을 발견하였다. 셋째로 기독교 성서를 들 수 있다. 구약성서의 평화주의자 이사야와 특히 신약성서의 예수의 삶과 가르침은 그의 생명평화사상 형성에 결정적인 영향을 끼쳤다.

넷째로 무교회주의와 퀘이커교를 들 수 있다. 그는 일본 유학 중 우찌무라 간조의 무교회주의에 공감하였다. 함석헌은 무교회주의 신학사상을 받아들여 이를 한국의 역사적 상황에서 응용하였다. 그는 하느님과 씨알은 둘이 아님을 강조하였고, 한국사는 세상의 죄를 짊어지고 가는 고난의 역사로 이해하였다. 함석헌은 귀국 후 퀘이커교에 입문하였다. 양심을 강조하는 함석헌의 평화사상은 퀘이커교의 '내면의 빛'과 연관성이 있는 것으로 보인다.

마지막으로 함석헌은 단군신화에서부터 근대사에 이르기까지, 특히 한민족韓民族의 선仙 전통에서 일종의 평화사상의 흐름이 마치 화산맥처럼 분출되고 있음을 보았다. 동서고금의 평화사상이 함석헌의 씨알사상에서 하나로 융합되어 나타나고 있음을 볼 수 있다. 모든 것이 하나 속에 융화되고 하나가 모든 것 속에 스며들어 있는 원융과 통일성 사상을 통해 함석헌은 생명과 평화를 이룰 수 있다고 생각한다.

씨알정신과 씨알사상

역사 속의 예수의 세속적인 직업이 무엇이었는가는 보는 시각에 따라 각기 다를 수 있다. 일반적으로 예수의 직업은 목수(*tekton*)로 알고 있는데, 도미닉 크로싼은 『역사적 예수』(Historical Jesus)라는 책을 쓰면서 '지중해 연안의 한 농사꾼의 생애'라는 부제를 달고 있다.31) 그는 이 책에서 주로 성서 이외의 자료들을 동원하여 역사적 실존인물 예수의 생애를 재구성하는데, 예수의 가르침에 나타난 주요 사상은 농촌문화와 연관성이 있음을 밝혀내었다. 예수가 선포한 복음의 핵심은 하느님 나라에 집약되어 있다. 그런데 예수가 선포한 하느님 나라는 일반적으로 이해하듯이 정치적 메시아 지평이나 묵시종말적 인자人子 지평地平만 지니는 것이 아니라, 농촌문화적 현인賢人의 지평을 지니고 있다고 그는 주장한다.

예수의 하느님 나라 운동은 편의상 두 가지로 분류된다. 밥 나누기 운동과 무상無償 치유운동이 그것이다. 그런데 이 두 가지 운동의 양태는 도시에서 찾아보기는 힘든 것들이다. 오히려 농촌문화와 친근한 운동들임을 알 수 있다. 주로 배가 고프고 병이 든 씨알민중들은 도시보다는 농촌에서 만나기 쉬웠기 때문이다. 예수가 선포하고 실천한 하느님 나라 운동은 도시가 아니라 농촌문화를 배경으로 가난한 농민들을 대상으로 하고 있음을 알 수 있다.

예수는 하느님 나라를 설명할 때 비유를 즐겨 사용하였다. 마가복음 4장에는 '스스로 자라나는 씨'에 대한 비유가 나온다.(막4:26-30) 이 비유에서 예수는 하느님 나라를 자연의 순리에 따라 스스로 자라나서 자라고 열매를 맺는 씨앗에 비유하고 있다. 한 톨의 씨앗이 흙에 묻혀 움이 트고 성장하여 열매 맺는 과정, 곧 스스로 그러하게 진행되는 자연의 유기적 순환과정에서, 예수는 하느님 나라의 참모습을 본다. 아마도 자연의 변화에 대한 이러한 섬세한 감수성은 농사를 지어보지 않은 사람에게서는 체험 불가능한 것으로 보인다. 이로 미루어 보건대 예수는 소농小農 출신의 농사꾼의 아들로 태어나 공생애를 시작하기 이전에는 적어도 농사를 지으며 생계를 유지했을 개연성이 크다 하겠다.

예수가 하느님 나라의 진리를 설명하는 방편의 하나로 씨앗을 즐겨 사용했다면, 함석헌도 인간과 역사, 종교와 우주의 근본을 설명하는 하나의 방편으로써 씨알을 즐겨 사용했다. 물론 그는 씨알 개념을 유영모의 '민民'에 대한 우리말 번역에서 빌려왔다고 밝히고 있다.32) 유영모는 1956년 12월 28일, YMCA 연경반研經班 강의에서, 중국의 송대宋代에 주자朱子에 의해서 선별된 사서四書 중 하나인『대학大學』

의 한 구절을 풀이한다. '大學之道 在明明德 在親民 在止於至善, 참교육 (大學)이란 도덕을 밝히 드러내는 데 있으며, 동시에 마치 어버이를 섬기듯이, 씨알민중을 받들고 섬기는 데 있다'는 것이다. '친민在親 民'을 '씨알 어뵘'으로 번역했다. 민, 곧 '씨알을 어버이처럼 받들어 섬겨야 한다'는 것이다. 여기에서 우리는 유영모의 씨알 민본사상民 本思想을 엿볼 수 있다. '씨알'이라는 이름이 태어나는 역사적인 순간 이었다.

그러나 이미 앞에서 살펴보았듯이, 함석헌은 신앙과 교육을 비롯 하여 그의 스승 유영모를 따라 농사짓는 일을 생의 지표로 삼았다. 함석헌은 씨알의 개념을 유영모에게서 빌려왔다. 허나 그가 농사꾼의 한 사람으로서 직접 농사를 지으면서 터득한 경험과 지혜는 그의 씨 알사상을 풍요롭게 하는 데 밑거름이 되었다.

물론 함석헌은 씨알을 자연의 현상으로 해석하는 데 그치지 아니 한다. 그는 한걸음 더 나아가 씨알을 한민족의 역사진행 과정에서 지배계급에 의해서 수탈과 착취를 당하면서도 민족의 역사와 삶을 지탱해오고, 끈질기게 생명을 이어온 피압박 민중을 일컫는 민民에 대한 은유(Metaphor)로 사용하고 있다고 밝힌다.33) 그러면서도 사회 의 지배구조에 길들여져 온 심리적인 습성과 욕망을 뿌리로부터 벗 어버린 '맨 사람' 그리고 온갖 사회적 가면과 치장을 벗어버린 본래 있는 그대로의 '맨 사람'을 일컬어 그는 씨알이라 불렀다. 전자를 '존재적存在的 씨알'이라고 한다면, 후자는 아마도 '당위적當爲的 씨 알'이라고 부를 수 있을 것이다. '존재적 씨알'이 인간의 본바탕에서 소외된 씨알이라면, '당위적 씨알'은 본연의 모습을 지향하는 씨알 이라고 말할 수 있다.

씨알이 모든 개체생명체의 밑뿌리이면서도 이제까지 지배계급에 의해서 무시를 당하고 역사에서 잊혀 왔는데, 이제 다시 제 모습을 찾아 제 소리를 내자는 의미에서 씨알이라는 하나의 상징어를 택했다고 함석헌은 술회한다.[34] '맨 사람'인 씨알은 사회적 관계를 넘어서 우주적 의미를 지니기까지 한다. 함석헌은 씨알의 자리에서 민중을 보고 세계역사와 우주를 조망한다. 그는 씨알에 대한 깊은 명상 속에서 생태학적이고 생명 중심적인 역사와 세계관을 구축했다. 이와 같이 함석헌은 씨알사상을 중심으로 그의 세계관을 펼친다. 그에게 하느님과 씨알민중은 둘이 아니다. 하느님이 머리라면 그의 발은 씨알민중이다. 거룩한 하느님의 발이 땅을 딛고 우뚝 선 것이 씨알민중이다.

씨알의 공동체성共同體性

함석헌은 자기 자신을 씨알로 자처한다. 그리고 농사꾼의 집안에서 태어나 스스로 씨알에 미친 사람으로 소개한다. 농사꾼은 굶어 죽는 한이 있더라도, 종자씨앗은 먹지 않고 머리에 베고 죽는다고 한다. 농사는 나만이 짓는 것이 아니다. 밥은 나만이 먹는 것이 아니다. 천하 사람이 영원히 먹어야 할 밥이다. 그러므로 어떤 경우에든지 종자씨앗은 남겨두어야 한다.[35] 흉년이 들어 내가 굶어 죽더라도 종자씨앗은 남겨두어야 한다. 왜 그런가? 종자씨앗은 개인에게 속한 것이 아니라 전체에 속한 것이요, 공동체의 생명을 살리는 것이기 때문이다. 개인보다 공동체의 생명이 더 중요하기 때문이다.

농사는 혼자 지을 수 없다. 더불어 짓는 것이 농사이다. 그렇다면 농사의 결과인 밥 또한 혼자 독차지해서는 안 된다. 더불어 나누어야 한다. 김지하는 '밥은 하늘이다'라고 했다. 하늘을 혼자 가질 수 없듯이, 밥 또한 독점되어서는 안 된다. 나눔이야말로 밥의 본성이다. 오늘날 인류가 겪고 있는 생태적인 위기와 사회적인 위기가 어디에서 유래하는가? 나만이 잘 먹고, 우리만이 잘 먹고, 인간만이 잘 살겠다는 욕심에서 기인되는 것이 아닌가? 공동체성의 상실이 현대문명의 위기를 가져왔다. 밥의 사회공동체성 회복이야말로 오늘날 인류가 해결해야 할 급선무인 것이다.

권정생의 동화에 「강아지 똥」이 있다. 강아지가 길가에 똥을 누었다. 계절이 바뀌고 비바람을 겪는 사이에 강아지 똥은 흙으로 된다. 흙이 된 강아지 똥, 그 속에 바람을 타고 내려앉았던 민들레 씨앗이 싹이 튼다. 민들레 씨앗은 강아지 똥을 거름으로 해서 예쁘게 꽃을 피운다. 강아지 똥이 예쁜 민들레꽃으로 환생한다. 권정생은 자연의 순환과정을 아름다운 동화 한 토막으로 형상화했다.

이 세상에 존재하는 모든 생명은 아무리 하찮은 것이라 할지라도 순환하면서 형태만 바뀔 따름이다. 서로가 서로에게 밥이 되면서 아름다운 꽃으로 자신을 한껏 드러낸다. 이를 동학東學의 2대 교주 해월海月은 이천식천以天食天이라는 말로 표현하였다. 천지만물이 한울님을 모시고 있지 않은 것이 없다는 것이다. 따라서 생물이 살기 위하여 다른 생물을 먹지 않을 수 없다. 한울이 한울을 먹이로 삼아 자기를 키워나가는 자연의 순환과정을 그는 양천주養天主라 했다.

해월의 이천식천以天食天 사상은 물론 잔인한 폭력성을 전제로 한 다윈의 적자생존適者生存의 논리를 말하고자 하는 것이 아니다. 이천식천은 오히려 공양供養에 가깝다. 공양이 무엇인가? 다른 생명을 기르기 위하여 나를 드리는 행위이다. 인간도 또한 타 생명을 희생시키지 않고는 생존할 수 없다. 타 생명의 희생으로 내 생명이 유지된다면, 나 역시 타자를 위해서 희생되어야 하는 것이 자연생태계의 순환질서에 속한다. 모든 생물은 다른 생명에 대하여 공양供養의 관계, 곧 희생과 헌신과 사랑의 관계로 맺어져 있다는 것이 우리가 살고 있는 우주의 근본 짜임새이다. 이를 해월은 '하늘이 하늘을 먹고 산다'는 지극히 시적인 언어로 표현했던 것이다.

우리가 매일 먹어야 하는 밥 한 알이 있기 위해서는 인간 상호 간의 협동적인 노동이 있어야 할 뿐만 아니라 흙, 미생물, 공기, 물, 햇빛, 달, 바람, 무수한 별들의 도움이 있지 않으면 안 된다. 한 톨의 씨알과 한 그릇의 밥, 이것을 위해서 우주 전체의 협동적인 노동이 진행되는 것이다. 그런 의미에서 씨알은 우주 전체가 참여한 노동의 결실이 아닐 수 없다. 사람이 밥을 먹는다는 것은 우주를 내 몸 속에 받아들이는 것이다. 따라서 식사 그 자체가 하늘과 땅의 고마움을 기억하며 우주 전체의 노동을 기억하는 예배 행위가 되지 않으면 안 된다. 이러한 눈으로 볼 때 인간이 밥을 먹고 그것으로 생명을 유지한다는 것은 눈에 보이지 않는 우주의 축복이요 은덕이 아닐 수 없다.

씨앗 한 알 속에 우주가 들어 있고, 그런 면에서 모든 생명은 거룩하고 평등하다. 한 생명체가 생명을 이어가기 위해서는 다른 생명체의 희생을 필요로 한다. 이러한 자연 질서는 생명계 전체의 순환적 고리에 해당한다. 우리가 밥 한 그릇을 먹을 때, 그 속에 한울님을 모시고 있는 거룩한 존재를 내 몸 속에 받아들인다는 사실을 항상 기억하면서 먹어야 한다. 그런 의미에서 모든 식사食事는 그야말로 '먹는 사건'이다. 그것은 예배와 미사가 되어야 하고 공양이나 예불이 되지 않으면 안 된다. 그런 의미에서 볼 때 과식過食이나 폭식暴食은 우주의 질서에 반反하는 행위요, 사실 우주를 모독하는 행위가 아닐 수 없다. 왜 유영모와 함석헌은 일일일식一日一食을 생활화하였는가? 우주의 이러한 이치를 깊이 성찰하고 몸으로 실천했기 때문이다.

밥을 먹지 않고 배설을 하지 않는 사람이 어디 있는가? 모든 학문, 종교, 문화의 기초에는 씨알이 자리하고 있다. 농農이 있어야 한다. 살림살이의 근본이 씨알에서 비롯되기 때문이다. 농사는 단순히 기술技術의 논리나 상품의 논리로 환원될 수 없다. 그것은 철학이고 종교이며 우주정신이다. 농사는 하늘의 기운(天氣)과 땅의 기운(地氣) 그리고 농부의 기운(人氣)이 조화를 이뤄야 이루어진다. 씨알을 키우는 농사는 우주생명의 근본인 것이다(農者天下之大本). 그 다음에 과학도 있고, 문화도 있을 수 있는 것이다.

인류사회에 한 가닥 희망과 구원의 가능성이 있다면, 그것은 생명 중심의 새로운 생태적 세계관의 회복에서 찾아야 할 것이다. 생태적 세계관의 회복은 환경 위기 해소를 위한 보완 조치가 아니다. 이것은 인류문명사의 미래에 대한 가장 근원적인 해답인 것이다.

씨알의 유기적 통전성統全性

마치 씨알 속에 전체 나무가 배태되어 있듯이, 생명은 저마다 고유한 특징을 지닌 개체이면서 동시에 자기가 아닌 것과 소통하고 감응하는 전체로서 존재한다. 우주에는 실체로서의 나도 아니고 너도 아닌 오직 하나의 생명만이 존재할 뿐이다. 함석헌은 생명체를 단지 생물학적인 차원만이 아니라 사회적인 차원에서 이해한다. 개체의 생명이 성장하기 위해서는 전체와 연결되는 신령한 정신적 소통이 있어야 한다. 하나도 아니면서 그렇다고 별개의 다른 것도 아닌 유기적 통일체로서 생명이 지니고 있는 불일불이不一不異적 소통관계를 함석헌은 '켕김'으로 설명한다. "나 속에 전체가 있고, 전체가 나임을 안다면 공사의 충돌이 있을 수 없다." 개체생명과 전체생명은 상호소통을 통해서 해탈과 초월에 이른다. "생명은 개체이면서 전체이고, 전체면서 개체, 여럿이면서 하나, 하나면서 여럿이다." 이러한 변증법적 통일체로서의 생명 이해는 '일즉다 다즉일一卽多 多卽一' 사상과 연관성이 있어 보인다. 개체 가운데 전체가 있고, 전체 가운데 개체가 서로 융합되어 조화를 이루고 있다는 사상은 화엄불교의 핵심을 이루고 있다. 공간적으로 티끌 하나 속에 온 우주가 들어 있고, 시간적으로 한 찰나 속에 영겁의 시간이 응축되어 있다. 개체와 전체의 융섭融攝을 일컬어 '일즉일체 일체즉일一卽一切 一切卽一'이라고 한다.

생명은 선택사항이 아니다. 그것은 문자 그대로 '살라'는 하늘의 명령이다. 모든 생명체가 하늘로부터 받은 의무와 책임을 함석헌은 '뜻'이라고 한다. 모든 존재의 밑바닥이 뜻이요, 하느님이 뜻이다. 뜻을 품으면 사람이요, 뜻을 깨달으면 얼(靈)이다. 하느님이 곧 뜻이다.

함석헌은 인식주체와 인식객체, 역사와 자연, 인간과 하느님이 한 생명 속에서 만나는 것으로 보았다. 개체는 전체 안에서 생명을 얻고 나의 참 모습을 볼 수 있다. 인식의 주체와 객체가 씨알의 이름으로 하나로 어우러질 때 단박에 나의 진면목을 발견하게 된다.

생명은 전체로 존재하기 때문에 함석헌은 언제나 전체의 시각에서 생각하고 행동한다. 생각해도 전체가 하는 것이요 행동해도 전체가 하는 것이다. 전체의 생각만이 진리이며, 전체의 행동만이 선이고, 전체의 감정만이 정의다. 인간의 생각과 행동은 전체생명과 잇대어 있다. 내 머리에 생각이 솟는 것은 전에 억만 생명이 살았기 때문이요, 생각했기 때문이다. 내 몸은 바다에서 물결치는 하나의 파도에 불과하다. 파도는 생生과 멸滅을 반복하지만, 바다의 입장에서 보면 단지 물결이 출렁일 뿐이다. 함석헌은 정치도 이와 같은 전체생명의 가치관에서 펼쳐야 한다고 생각한다. 너도 나와 한 몸이라는 생각에서 참 정치가 가능하다. 스스로 사는 전체, 스스로 생각하는 전체, 스스로 자기 초월하는 전체, 사물을 보는 데 있어서 이러한 전체의식이 필요하다.

개체생명에서 전체생명을 보고 전체생명에서 개체생명을 보는 것이 사랑이다. 그는 고난, 질병, 죽음을 생명의 한 부분으로 받아들인다. 고난 없는 삶은 상상할 수 없으며, 죽음은 삶의 한 끝이고, 십자가의 길이 생명의 길이다. 함석헌은 노자의 사상을 받아들여 약하고 부드러운 것이 강하고 딱딱한 것을 이긴다고 한다. 질병과 죽음을 사랑하지 않고 삶을 사랑할 수 없으며, 고난 속에서 삶은 정화되고 생명의 근원인 하느님에게로 나아가게 된다.

개체생명은 전체생명과 연결되어 있다고 보았기 때문에, 함석헌은 일체의 이분법적 사고를 초월하여 인류역사의 하나 됨을 추구하였다. 인류역사는 하나 됨을 목표로 나아가고 있다. 하나 됨을 목표로 하는 함석헌의 생명사상은 한민족의 정신적 근본 바탕을 형성하는 한 사상과 맥이 닿아 있다.

함석헌은 생명이 정신에서 유래했으며 생명을 통해 정신이 나왔음을 말한다. 이러한 정신현상으로서의 생명현상은 하느님께서 자기를 드러내는 사랑의 열매이다. 세계를 움직이는 것은 이러한 정신이다. 물질과 육체를 배제한 정신이 아니라 이를 포월한 정신이다. 정신은 끊임없이 자기를 형성하고 있는 껍질을 벗어던짐으로써 살아가는 생명이다. 모든 존재는 그 속에서 피어나는 정신에 자기 자리를 양보함으로써 생에 참여할 수 있다. 함석헌의 이러한 정신적 생명관은 실체론적인 세계관을 부정하고 미완의 개방된 생명철학과 연관성이 있다. '스스로 되어가는' 주체로서의 생명은 과정의 존재이나 궁극의 자리에서 온전히 실현된다.

씨알의 '스스로 함(自然性)'

씨알은 하늘의 기운(天氣)과 땅의 기운(地氣)이 만나 조화를 이루는 일종의 창조적 생명활동의 결과물이다. 천기는 햇빛(火)과 바람(風)으로 구성된다. 이에 반해 지기는 흙(地)과 물(水)로 구성된다. 지수화풍地水火風이 어우러진 창조적 생명활동으로 씨알이 태어난다.

씨알의 특성으로 함석헌은 '스스로 함'을 말한다. 스스로 그러함은 모든 씨알의 근본원리이다. 씨알은 스스로 그러함(自然)으로써 스스로를 얻는다(自得).[36] 씨알은 스스로 싹트고, 스스로 자란다. 스스로 꽃 피고, 스스로 열매를 맺는다. 스스로 그러한 자연(自然)이 곧 씨알이다.

우주만물은 그 본래의 성품이 제가 스스로 제 생을 발현시켜나갈 수 있도록 되어 있다. 그것을 밖에서 건드리면 그 본성이 잘못되기 쉽다. 동식물뿐만 아니다. 인간도 마찬가지다. 하늘이 내려준 자성自性을 스스로 발현할 수 있도록 그대로 맡겨두는 것이 필요하다.

자연이 인간을 위해서 존재하는가? 인간이 신을 위해 존재하는가? 자연은 어떤 목적을 이루기 위하여 존재하는 것이 아니다. 스스로 그러하게 존재한다. 들에 핀 이름 없는 한 송이 꽃은 신을 찬양하기 위해서 피어 있는가? 땅이 짐승을 위해서 풀을 돋아내는가? 짐승이 풀을 먹는다고 해서 풀이 짐승을 위해서 존재한다고 볼 수 있는가? '위하여(*Telos*)'라고 하는 목적론적 사유야말로 모든 종교가 인간을 기만하는 함정이 아닐 수 없다. 하느님을 위하여 만물이 존재하는가? 생태 사슬(Eco-Chain)은 목적론적 의미시스템이 아니라 그냥 스스로 그러하게 있는 것일 뿐이다. 어떤 존재가 반드시 목적론적 이유가 있어야 존재 가치가 있다고 생각한다면, 그것은 상상력의 빈곤을 드러내는 것이다.

함석헌은 노자의 무위사상에 근거하여 소위 목적론적 사관目的論的史觀을 전면 부정한다.37) 목적론적 사관 속에는 다분히 인간중심주의와 인위성이 내재해 있다는 것이다. 우주만물은 무엇을 위해서 존재하는 게 아니라 스스로 그러하게 존재한다. 존재 이유가 타자他者에게 있는 것이 아니라 자기 자신 안에 있다. 자라는 것은 속에서 나오게 되어 있지, 결코 밖에서 들어가는 게 아니다. 그것을 밖에서 힘을 가해서 억지로 하려고 하니까 문제가 생긴다. 생명의 원리는 속에서부터 겉으로 피어 나오는 것이다. 밑으로부터 위로 올라가는 것이다. 스스로 그러하게 피어나는 자발성이야말로 씨알의 본성이라고 말할 수 있다. 우주만물이 인간을 위해서 존재한다는 목적론적 가치를 개입시킬 때, 인간은 자연을 건드리게 되고, 자연은 인간의 욕망을 채우기 위한 도구로 전락되고 만다. 이성은 인간의 욕망을 채우기 위한 수단이나 도구적 이성으로 전락하게 된다. 우주생명은 무엇을 위해서 존재하는 것이 아니다. 스스로 그러하게 존재한다. 목적론적 사관과 인간중심주의가 결합된 현대기술과학문명이 오늘날 묵시종말적인 생태재앙을 초래했다.

함석헌은 씨알의 덕목을 지극히 작은 개체성에서 찾는다. 지극히 작은 것 속에 전체가 들어 있다. 지극히 작은 씨알 속에 나무가 들어 있고, 나무에서 수많은 씨알이 맺힌다. 씨알은 개체이면서 전체요, 전체이면서 개체이다. 전체를 품은 개체가 다름 아닌 씨알인 것이다. 이것은 지극히 작은 유전인자(DNA) 속에 개체생명 전체가 들어 있는 것과 같다.38) 함석헌은 이러한 씨알의 특성을 설명하기 위하여 힌두교의 범아일여梵我一如 사상을 예로 든다. 힌두교의 창조신화에 따르면 조물주 프라자파티Prajapati가 조각조각 나누어져 오늘날 삼라만상이 만들어졌다고 한다. 우주만물은 조물주의 몸의 조각이라는 것이다. 개체인 나(아트만)는 전체인 나(프라자파티)의 일부가 된다. 프라자파티는 브라만(梵)이라고도 한다. 브라만(梵)이나 아트만(我)은 모두 숨(호흡)을 뜻하는데, 브라만은 우주의 '큰 숨'을 뜻하고 아트만은 개체생명의 '작은 숨'을 뜻한다. 힌두교 사상에서 죽음이라는 것은 아트만이 브라만으로 돌아가는 것 외에 다른 것이 아니다. 브라만이 잠시동안 아트만이 되는 것이 생生이라면, 아트만이 다시 본래의 브라만으로 돌아가는 것이 멸滅이다. 힌두교 사상에서는 나는 것도 없고 죽는 것도 없다. 여기에서 불생불멸不生不滅의 윤회사상이 나오게 된다.39) 우주에는 끝없는 변화과정만 있을 뿐이다. 얼음이 물이 되었을 때, 얼음이 없어진 것도 아니고(不滅), 물이 생긴 것도 아니다(不生).

다만 물의 형태가 변화되었을 뿐이다.

그러면 우리가 왜 생멸관生滅觀에 빠지게 되는가? 개체생명은 '따로' 존재하는 것이 아닌데, 마치 별개로 존재하는 것처럼 단정하기 때문이다. 개체 존재를 끊임없는 변화과정으로 읽지 않고, 별개의 고립된 단자적單子的 존재로 읽기 때문이다. 나는 나 아닌 것(전체) 속에 있고, 나 아닌 것(전체)은 내 속에 있다. 이와 같이 나와 나 아닌 것(전체) 사이의 상의상관적相依相關的 이해는 예수의 계명에서도 찾아볼 수 있다. 예수는 이웃을 사랑하되 어떻게 사랑하라고 했나? 네 몸처럼 하라고 하였다.(마19:19) 예수는 이웃(전체)과 내 몸(개체)을 동떨어진 존재로 보지 아니 했다. 내 몸의 일부분이요 내 몸의 연장延長으로 이해했다.

함석헌에 따르면 인간이 건드려서는 안 되는 영역이 세 가지가 있다. 원자핵의 원리와 생식세포의 비밀 그리고 뇌세포의 영역이 그것이다.[40] 원자핵은 물질의 기본단위이며 물질의 지성소至聖所이다. 그런데 현대인류는 원자핵 영역을 건드렸다. 지금 이로 인해 인류에게 원자핵물질로 인한 재앙이 현실적으로 나타나고 있다. 유전자 조작과 뇌 세포 조작을 통하여 인류에게 닥칠 재앙을 함석헌은 예언자적인 통찰력으로 예언한다.[41] 지식욕知識慾이 인간사회의 발전을 가져온 면도 있지만, 지식에는 한계가 있고, 또한 한계가 있어야 한다는 것이 함석헌의 생각이다.

함석헌은 자연을 죽은 것으로 본 것 아니라 살아 있는 생명체로 보았다. 살아있는 우주를 인간이 죽은 것으로 잘못 알고 정복하고 착취를 일삼아 이제 인간은 우주로부터 보복을 받고 있다는 것이다. 이러한 그의 생명 이해는 우주 자체를 스스로 그러한 하나의 생명시스템으로 이해하고 있는 러브록의 '가이아Gaia설'이나 장회익의 '온 생명' 이론과도 상통한다. 함석헌은 서구 문명의 병폐를 자연으로부터 인간을 분리시켜 이해하고 있는 데에서 찾는다. 인류문명이 자연에서 출발했는데, 인류문명이 자연을 대상화시켜 수탈대상으로 삼음으로써 존재 근거를 파괴해 버렸다. 인류문명은 자연에서 이탈되면서 불치병에 걸리게 되었다. 씨알이 땅에서 떨어져 살 수 있는가? 그렇지 않다. 모든 생명체는 지구상의 표토表土 30센티미터 안팎에 기대어 살아간다. 그런데 현대 인류는 어떠한가? 지구에서 떨어져 나간 사람들이다. 자연 질서에서 떨어져 나가 자연을 파괴함으로써 현대문명은 치유할 수 없는 중병에 걸리게 되었다.

이와 달리 동양문명에서는 자연과 인간 사이의 조화와 균형을 중요시한다. 씨알의 고민 가운데 하나는 자연과 불균형과 부조화를 어떻게 바로잡아 자연의 질서를 회복하느냐에 있다. 함석헌은 이 화두에 대응하여 '같이 살기 운동'을 제창했다. 그것은 곧 씨알계몽운동인데, 그 예를 함석헌은 간디의 운동에서 찾는다. 인도 민중으로 하여금 그들 속에 잠자고 있는 무한한 잠재력을 일깨워준 것이 간디의 운동의 놀라운 점인데, 그것은 곧 비폭력적인 방법으로 해방할 수 있다는 신념을 일깨워준 것이다. 씨알이 자기 속에 잠자고 있는 무한한 잠재력을 일깨워준 것 중의 하나가 다름 아닌 '같이 살기 운동'이다.[42]

씨알의 불멸성不滅性

전체를 떠난 개인이 있을 수 없듯이, 개인을 떠난 전체도 있을 수 없다. 전체가 씨알이요, 씨알이 전체다. 씨알은 자기가 전체라는 의식을 가져야 한다.43) 씨알이 스스로 자기 속에 지니고 있는 속알을 생각하면, 씨알은 불멸체이다. 개체로써의 씨알은 생生과 멸滅을 거듭하지만, 전체로서의 씨알은 불멸不滅한다. 씨알은 불에 태울 수도 없고, 물에 빠뜨릴 수도 없다. 칼로 찍을 수도 없다. 하느님이 영원히 살아 계시다는 것을 우리가 눈으로 볼 수 있게 경험할 수 있는 것은 바로 씨알에서이다. 민중이 스스로 자기가 생명의 불멸체임을 인식하게 되면, 스스로 비폭력, 평화주의 정신에 이르게 될 것이다.44)

씨알은 우주적 생명의 알짬이다. 우주 생명은 씨알에서 시작되고 씨알에서 끝난다. 그런 의미에서 씨알은 우주의 시작과 끝이다. 씨알은 우주의 과거를 품고 있고 우주의 미래를 담고 있다. 씨알 속에서 우주 생명의 과거와 미래가 하나로 통전統全된다. 씨알은 미래 생명을 잉태하는 존재이며 동시에 미래 생명을 펼치려 함이다. 모든 생명이 지니는 '살려는 의지'를 일컬어 함석헌은 '-려함'으로 표현하였다.

씨알은 다른 생명에게 자기 생명을 공양함으로써 불멸한다. 다른 생명은 나에게 공양함으로써 나 속에 또한 다른 생명이 산다. 나와 나 아닌 것은 서로 공양관계로 불멸한다. 우주 생태계의 기본질서는 한마디로 '밥의 관계'로 규정할 수 있다. '밥의 관계'는 경쟁과 약육강식보다는 오히려 희생과 섬김이 보다 근본적이다. 곧 우주에 존재하는 개체 씨알들은 희생과 사랑과 나눔을 통해서 불멸하는 하나의 생명누리공동체를 이룬다. 식물은 동물의 밥이 되고, 동물은 죽어서 흙이 되어 식물의 밥이 된다. 생태 고리(Eco Chain)의 기본질서는 여백의 생명을 다른 생명의 밥으로 제공하는 공양관계로 형성된다.

씨알과 평화사상

함석헌은 평화에 관한 글을 여러 편 썼는데, 그럼에도 불구하고 평화에 대해서 구체적으로 정의를 내리지 않고 있는 것이 특징이다. 평화에 관한 그의 글들은 대부분 직관적이요 선언적이다. 그에게 평화는 이론이 아니라 신조이다. 평화가 무엇인가, 그 본질에 대해서보다는 평화를 어떻게 실천할 것인가에 대해 그는 관심한다. 그는 생명과 평화를 상호 보완적인 관계로 이해한다. 생명은 살라는 명령인데, 산다는 것은 곧 평화를 뜻한다. 삶이 명령이듯이, 평화 또한 실천하지 않으면 안 되는 명령이요 가지 않으면 안 되는 길이다. 평화는 생명의 본능이며, 삶의 본연성에게로의 회귀이다. 반평화적 요소들은 인간의 본연本然을 억압하고 파괴한다. 인간은 본래 인仁인데, 따라서 평화적이다. 이와 같이 함석헌은 성선설性善說의 입장에서 인간을 이해한다.

함석헌은 자연세계의 본 모습을 평화의 질서로 본다. 다윈이 말하는 적자생존이나 생존경쟁은 자연세계의 일부 현상에 해당한다. 자연을 주도하는 법칙은 약육강식이나 생존 경쟁보다는 오히려 상호의존과 상호협력관계이다. 생명이 자연의 명령이듯이 평화 또한 자연의 명령이다. 평화는 하나의 사상으로 그쳐서는 안 된다. 그것은 실천 속에서 실현되어야 하는 명命이다.

함석헌은 모든 인위人爲가 정지된 곳에 진정한 평화가 도래하게 된다고 보았다. "대기를 마시고 가스를 뱉으니 평화요, 먹을 것을 먹고 마실 것을 마시고 담긴 찌꺼기를 내보내니 평화요, 햇빛을 보고 웃고 바람을 쐬고 죽지를 펴니 평화이다." 평화사상의 근본 뿌리를 함석헌은 자연의 무위사상에 두고 있음을 볼 수 있다. 인위적인 것일수록 반反평화적인 것에 가깝다.

무위자연에 근간을 둔 평화를 이루기 위하여 함석헌은 평화의식이 전체의식에서 출발해야 한다고 본다. '우리는 하나다'라는 자각이 평화의 근원이다. '우리'를 그는 편의상 세 가지 범주로 구분한다. 가정, 민족공동체 그리고 우주자연이 그것이다. '우리'라는 전체의식은 인간과 공동체의 가치와 삶의 근간이 되어야 한다. 함석헌에 있어서 평화운동은 외적 변화를 목적으로 하는 정치운동이나 사회운동의 차원을 초월하여 '속마음'의 변화를 추동하는 종교적 차원을 지닌다. 그에게 있어서 종교는 궁극적인 것을 믿는 신념을 뜻한다. 한국인의 한울님 신앙은 평화의 주춧돌이 될 수 있다. 한국 민족정신의 뿌리인 선도仙道사상은 무위, 자연, 유약, 정허 등 도가사상과 연관성이 있는데, 그것은 평화사상의 한국적 바탕을 이루고 있다. 선도의 평화사상이 그대로 계승되어 3·1운동과 4·19혁명의 비폭력적 평화운동으로 나타났다고 그는 본다.

동시에 함석헌의 평화의식은 씨알사상과 연결되어 있다. 개체의 씨알은 가능성으로서 나무 전체를 담고 있다. 그리하여 개체 속에서 전체를 보고, 전체 속에서 개체를 본다. 전체는 부분 안에 있고, 부분 또한 전체 안에 있다. 씨알의 생명에서 잉태한 평화운동은 그에게 있어서 정치운동이나 사회운동에 선행되어야 하는 종교적 신념에 가깝다.

이러한 함석헌의 씨알사상은 성서에서 찾아볼 수 있다. "하느님께로부터 난 자마다 죄를 짓지 아니하나니, 이는 '하느님의 씨알'이 그의 속에 거하심이요, 그도 범죄 하지 못하는 것은, 하느님께로부터 났음이라.”(요1서3:9) 요한서신의 저자는 하느님에게서 난 사람을 일컬어 ‘하느님의 자녀(*tekna theou*)’라고 한다. 하느님의 자녀는 죄를 짓지 않는다는 것이다. 왜 그런가? 그 속에 ‘하느님의 씨알(*Sperma Theou*)’이 들어 있기 때문이라고 한다. 모든 인간은 ‘하느님의 모상(*Imago Dei*)’을 지니고 태어났다는 사상도 같은 범주에 속한다.(창1:27) 장차 나무로 자랄 수 있는 가능성을 씨알이 담고 있다는 사실과 ‘하느님의 씨알’이 내 속에 들어 있다는 말씀은 서로 공명한다. ‘하느님의 씨알’ 사상은 철학이나 종교적 지평에서 볼 때 다양한 모습을 띠고 나타난다. 대표적인 사상의 예로 대승불교의 『대승열반경』에 나오는 여래장如來藏 또는 불성佛性사상을 들 수 있다. 여기에는 ‘일체중생 실유불성一切衆生悉有佛性’이라는 구절이 나온다. 생명 있는 모든 것은 붓다가 될 수 있는 성품性品을 지니고 있다는 것이다. 곧 모든 중생을 하나의 가능성 지평에서 보는 존재에 대한 절대긍정絶對肯定 사상이 여기에 깃들어 있음을 볼 수 있다.

씨알운동의 현대적 의미

인간은 본래 자연-생태적인 존재이며, 사회-역사적인 존재이고, 종교-우주적인 존재이다. 함석헌은 인간 존재를 구성하고 있는 이 세 가지 존재의 차원을 아우르는 개념으로서 ‘씨알’을 채택하였다.

함석헌은 인권운동과 민주화 운동에 투신하여 평생 동안 독재정권에 항거하여 싸우면서도 다른 한편으로 운동권에 대한 비판을 소홀히 하지 않았다. 시민들의 사회운동이 사회, 정치, 경제라는 가시적인 지평에 머물러 전략적인 차원을 벗어나지 못한다면, 그것은 진정한 인간 해방을 가져올 수 없기 때문이라고 보았기 때문이다. 그는 진정한 평화운동이란 정치·사회적 차원에 머물지 않고, 그것이 인간의 자기존재의 심층적인 종교적 차원으로 승화될 때 진정한 평화가 가능하다고 보았다.[45]

함석헌은 개인 구원과 사회 구원, 그리고 개인의 자기 향상을 위한 영적 수행과 사회 정의를 위한 투쟁을 같은 동전의 양면으로 보았다. 그는 양자를 상호 연관성 가운데서 보았다. 함석헌이 평생을 거쳐 추구했던 기독교사상과 동양사상은 그의 씨알사상과 씨알정신 그리고 씨알정신의 실천적인 삶에서 하나로 합류된다.[46]

제6장
함석헌의 종교사상

근대의 여명기

함석헌은 상아탑에서 연구하고 가르친 학자가 아니다. 그는 어느 한 분야를 전문적으로 연구하거나 아카데믹한 체계를 세운 적도 없고, 이를 목적으로 저술활동을 한 적도 없다. 함석헌은 20세기 초 근대의 여명기에 한반도의 정치·사회적 소용돌이 속에서, 동양 종교사상과 서구 기독교사상을 자유자재로 넘나들며 그 나름의 특색 있는 사상을 별쳐나갔다. 그의 사상 속에는 동양사상을 비롯한 세계 종교들이 하나로 만나고, 서양의 근대 사상들과 동양의 자연 사상들이 하나로 융합된다. 퀘이커의 신비주의와 공동체 신앙, 그리고 무교회주의의 합리성을 띤 성서 중심의 이성종교理性宗敎가 하나로 만난다. 그런데 이러한 만남은 단순히 수평적이거나 일차원적인 성격을 띠는 것이 아니다. 이들은 그의 사상에서 심층적이고 다차원적으로 서로 중첩되어 나타나고 있음을 알 수 있다. 이를 선별적으로 다루어보고

자 한다.

거시적인 지평에서 볼 때, 함석헌의 씨알종교사상의 배경으로는 첫째, 도가철학사상을 들 수 있을 것이다. 함석헌의 씨알사상이 유영모를 거쳐 맹자에게서 유래했다고는 하지만, 그의 씨알사상에 깔려 있는 전반적인 배경에는 도가道家철학이 서 있음을 알 수 있다.47) 둘째, 기독교사상을 빼놓을 수 없을 것이다. 예수(신약)와 예언자 이사야(구약)의 영향이 그것이다. 셋째, 힌두교와 간디의 영향을 들 수 있다. 그는 힌두교 경전인『바가바드기타』를 우리말로 번역하였으며 간디의 삶을 통해서 힌두교 사상을 받아들였다.48) 마지막으로 모든 종교 간의 장벽을 넘어 지구촌 평화실현을 지향하는 퀘이커교를 들 수 있다.49)

함석헌의 씨알종교사상 속에는 이와 같이 다양한 철학사상들이 하나로 녹아들어 있다. 따라서 그의 사상을 마치 여러 구슬을 한 실에 꿰듯이, 하나의 사상체계로 일목요연하게 정리한다는 것은 불가능하다. 그의 사상이 지니는 넓이와 깊이 때문이다. 그는 한국근대사회(Modern Society)의 도전(Challenge)에 대하여 역사적 실천의 자리에서 그 나름대로 주도적으로 대응(Response)하며 살았던 실천하는 사상가요 종교인이었다고 말할 수 있을 것이다.

함석헌은 서구의 교육제도 밑에서 자랐다. 허나 그는 서구의 형식논리에 매이지 않고 그의 사상을 펼쳤다. 함석헌의 언어는 논리적이기보다 시적詩的이다. 상아탑에서 나온 지식의 언어라기보다는 자연에 대한 명상과 치열한 삶의 현장에서 우러나온 지혜와 직관의 언어이다. 그의 글은 확신에 차고 선언적 성격이 짙다. 함석헌의 글들은 때로는 논리적이면서도, 때로는 논리에 매이지 않는 것이 특징이다.

노자와의 만남

함석헌은 한국의 상황에 천착하면서 기독교 복음을 재해석한다. 이를 통해 독자적인 신앙노선을 모색한다. 함석헌이 영향을 많이 받은 동양사상 가운데 노장老莊사상을 빼놓을 수 없을 것이다. 특히 그의 씨알사상은 무위자연無爲自然사상에서 영향을 받은 바 크다.

> "그러므로 지금 시대는 어느 사이에 버려져 먼지 속에 묻혀 있는 옛 지혜를 다시 찾아 씹어보는 데에서만 살길을 찾을 수 있다. 세상풍조는 새 것만을 좋아하고 옛 것을 존중할 줄 모르지만 뜻 있는 이는 그렇지 않다. …… 그러기에 노자(老子)는 옛날부터 있는 길(곧 진리)을 붙잡아 가지고 이제 있은 있음(有)을 부린다(執古之道以御今之有)라고 했다. 마치 고삐를 잘 잡아야 사나운 말을 잘 부려서 차를 모아갈 수 있듯이, 이제 있는 이 천지만물과 인생 역사를 올바르게 이끌어 가려면 예로부터 지금까지 뚫려 있어 변함이 없는 그 진리를 알아야 한다는 뜻이다."50)

'온고이지신가이위사의溫故而知新可以爲師矣'라는 말이 있다. 논어의 <위정편爲政篇>에 나오는 공자의 말씀(logion)이다. 한쪽에 치우치지 않고, 전통적인 것과 새로운 것을 고루 알고 갖추어야 바람직한 스승이 될 수 있다는 말이다. 윗글에서 볼 수 있듯이 함석헌도 옛것에 대한 소중함을 깨닫고 있었다. 씨알이 바람직한 씨알이 되기 위해 반드시 갖추어야 할 일의 하나로, 함석헌은 옛글, 곧 동양사상에 대한 관심을 가져야 한다고 말한다. 현대는 어느 사이에 버려져 먼지 사이에 묻혀 있는 옛 지혜를 다시 찾는 데에서부터 미래를 예측하고 살길을 찾아야 함을 말하고 있다. 그는 옛날과 현대(예와 이제), 곧 과거와 미래가 만나는 '예이제'의 변증법적 통일을 통해서 인류 미래에 대한 새로운 예측과 대안을 모색한다.

노자는 '집고지도이어령지유執古之道以御今之有'를 말했다. 함석헌은 이 문구를 '옛날에 있는 길(곧 진리)을 붙잡아 이제 있는 것(유)을 부린다'고 풀이했다. 헬레나 노르베리 호지Helena Norberg-Hodge는 '오래된 미래(Ancient Future)'를 말하지 아니 했던가? 인류 미래에 대한 대안은 '옛것', 곧 저생산低生産 체계와 느림의 철학에서 찾아야 한다는 것이다. 함석헌은 현대세계가 직면하고 있는 문제에 대한 해결방안은 서구의 가치나 종교에서는 찾을 수 없다고 판단했던 것 같다. 이제 서구 사상이나 가치관은 막다른 골목에 들어섰고, 인류문명의 새로운 방향을 찾기 위해서는 동양사상에 대한 관심을 기울여야 한다는 것이 함석헌의 생각이다. 둘째로 서구의 인간중심적 가치관으로는 인류 문제를 해결할 수 없다고 그는 판단했다. 새로운 가치체계를 필요로 하는 시대이기 때문에 이를 위하여 동양사상에 관심을 기울여야 한다는 것이다. 셋째로 새 마음을 위해서도 동양적 세계관에 관심을 기울여야 할 것을 그는 말한다. 인류문명이 나가는 방향도 다시 잡아야 하고, 행동의 표준이 되는 가치체계도 새로 세워야 한다. 그러기 위해서는 무엇보다도 동양사상에 의거한 새 마음이 필요하다는 것이다.

중국사회는 상고시대上古時代인 하은주夏殷周시대를 거쳐 춘추전국시대에 접어들면서, 엄청난 변화의 소용돌이에 휩싸이게 되었다. 청동기시대에서 철기시대로 이행되면서, 철로 만든 도구가 농사에 이용되기 시작하였고, 농업과 수공업이 결합된 봉건사회의 소농경제 체계의 생산양식이 점차적으로 자리를 잡아가게 되었다. 봉건사회로 이행되면서 생산력의 주체는 노예에서 소농이나 소작농으로 이동되어갔다. 경제적 토대의 변화는 정치적 상부구조의 변화를 초래하였고, 이러한 사회적 변화는 필연적으로 인간의 의식의 변화를 촉구하였다.

군주가 노예 위에 절대적으로 군림하던 하은주夏殷周시대에는 상제사상上帝思想이나 천명사상天命思想이 사회를 통치하는 지배 이데올로기로 작용하였다. 자연을 비롯한 인간사회 전체가 인격신人格神인 상제上帝에 의해서 다스려진다고 사람들은 생각하였다. 그들은 상제上帝를 최고신最高神으로 숭배하였는데, 그를 천天으로 불렀다. 상제사상이나 천명사상天命思想은 하은주夏殷周시대의 노예제 사회체제를 지탱해주는 지배 이데올로기였던 것이다.

그러나 노예제 사회제도인 하은주夏殷周시대가 붕괴되고 춘추전국시대에 접어들면서 상제의 권위가 쇠퇴하고 천명사상이 더 이상 위세를 떨칠 수 없게 되었다. 이른바 백가쟁명百家爭鳴시대가 오게 된 것이다. 춘추전국시대에 접어들면서 중국사회를 주도해 간 다양한 백가쟁명의 사상들은 유가儒家, 도가道家, 묵가墨家의 3대 학파의 사상으로 수렴된다.

낡은 사회를 보는 시각에서 공자와 노자는 차이가 있었다. 공자는 사회질서를 유지하는 방안으로 온고이지신溫故而知新의 입장을 취하였고, 상제의 절대 권위를 약화시키면서 그 자리에 인간의 인위성人爲性에 근거한 인의예지仁義禮智를 강조하였다. 다른 한편으로 공자는 나라를 바르게 다스리기 위해서는 내 몸을 닦고 가정을 다스리는 수신제가가 선행되어야 함을 주장하였다(修身齊家治國平天下). 그러나 노자는 상제사상과 천명론天命論을 거부하고, 하늘의 도는 스스로 그러하다는 천도자연사상天道自然思想을 주창하였다.

노자는 공자의 인의예지仁義禮智사상 속에 기득권 계층을 위한 지배이데올로기와 이와 아울러 자연에 적대적인 인간 편애주의가 숨어 있음을 간파하였다. 그는 인간의 본연성本然性이 유위有爲가 끝나는 무위자연無爲自然의 자리에서 펼쳐진다고 보았다.

하늘은 사람을 편애하지 않는다는 천지불인天地不仁사상(제2장), 봉우리가 아니라 골짜기를 찬양하는 곡신불사谷神不死사상(제6장), 사회적으로 훌륭하다는 사람을 떠받들지 말라는 불상현不尙賢사상(제3장), 사회기득권자들의 소유욕을 비판하고 있는 생이불유生而不有사상(10장), 세속적인 학문을 끊으면 근심걱정도 사라진다는 절학무우絶學無愚사상(제20장), 도(道)를 빛의 어우러짐과 티끌과 같은 것으로 비유하고 있는 화기광동기진和其光同其塵사상(제4장), 온전해지려면 항상 비워두어야 하고 스스로 구부러진 자리에 있어야 한다는 곡칙전曲則全사상(제22장), 공을 이루어도 그것을 독차지하지 않는다는 공성이불거功成而弗居사상(제2장) 등을 비롯하여 여성다움, 갓난아이, 다듬지 않은 통나무, 연약함, 부드러움, 갓난아이, 여인, 아래, 비천한 것, 물, 빔을 찬양하고 이를 우선시하는 노자의 여성주의사상은 그가 대변하고 있던 사회세력의 역량이 아주 미약했음을 반영한다. 아마도 그 시대에 소농小農이나 소작농小作農을 포함 화기광동기약자들, 여성들과 피압박 민중이 노자사상의 지지기반이었을 것이다. 그들의 현실과 소망이 노자의 사상에 반영되어 나타났고 있음을 볼 수 있다. 함석헌의 씨알사상은 이러한 노자의 무위사상으로부터 크게 영향을 받았다. 노자의 무위자연사상은 춘추전국시대에 봉건제후들에 의해서 억압을 당하고 있던 소농, 소작농, 농노農奴의 '있는 그대로'의 입장을 옹호한다고 볼 수 있다. 노자의 영향을 받고 있는 함석헌의 씨알사상은 한국 근대사의 격동기에 억압당하고 고난의 길을 걷고 있는 씨알민중의 입장을 대변한다.

함석헌이 이해한 노자의 무위사상은 모든 저항을 포기하라는 말인가? 그렇지 않다. 노자가 무위를 말하면서 공자의 인위人爲사상에 대항하여 투쟁했던 것과 마찬가지로 함석헌은 그것을 지키기 위한 싸움으로 일생을 보냈다. 함석헌이 말하는 무위無爲는 방치나 무관심이 아니다. 씨알을 괴롭히는 유위有爲와 인위人爲에 대한 저항적 행동이다. 함석헌의 평화사상은 무위無爲에 근거하는데, 내버려두면 평화는 스스로 오는 것인데, 그것을 가로막는 세력들과 투쟁하는 것이 그가 말하는 무위임을 알 수 있다.[51]

무교회주의 신앙과의 만남

둘째로 함석헌의 종교사상의 배경으로는 기독교 사상을 빼놓을 수 없을 것이다. 함석헌은 기독교 가정에서 태어나 평생 기독교의 사상을 떠난 적이 없다. 그가 동양종교를 비롯한 타종교에 많은 관심을 갖고, 그로부터 영향을 받았음을 부인하지는 못할 것이다. 그러나 다른 종교들에 대한 관심이 그로 하여금 기독교 신앙을 포기하게 만든 것이 아니다. 오히려 기독교 신앙에 대한 편협한 고정관념을 해체하고, 기독교 신앙의식信仰意識을 확장시키는 계기를 마련해 주었다. 그는 진리란 기독교에 국한되거나 어느 특정 종교에 의해서 독점될 수 없는 보편성을 지닌다고 생각하였다.

우선 함석헌은 서구 기독교의 교리(도그마)에 갇혀 있는 예수에 대해서는 관심이 없었다. 기독교 정통주의 신앙에서 목숨처럼 여기는

삼위일체론적三位一體論, 양성론兩性論, 전통적인 속죄론贖罪論은 역사
적 예수의 본래 정신을 바르게 아는 데 걸림돌이 된다고 생각하였다.
함석헌은 초대교회 교부들이 예수를 어떻게 신격화하여 제2격의 신
으로 가르쳤고, 예배의 대격의 삼았는지에 대해서는 관심이 없었다.
그는 현대교회가 가르치고 있는 교리들인 '예수에 관한 신앙(Faith
about Jesus Christ)'보다는 오히려 '예수의 신앙(Faith of Jesus)'과 '예수
의 정신(the Spirit of Jesus)'을 바르게 아는 데 관심을 기울였다.

함석헌은 한국 기성교회들의 반反예수적인 신앙 행태를 비판한다.
한국 기독교를 그는 '만'의 종교로 규정한다. 예수를 믿기'만' 하면,
성경을 읽기'만' 하면, 교회를 다니기'만' 하면, 구원이 보장되고 물질
축복이 보장된다는 식이다. 이러한 한국 기독교는 사람들의 마음에서
도덕과 상식을 도려내었다는 것이다. 진정한 종교의 모습이란 무엇인
가? 영적 체험이나 도덕의 실천을 도외시해서는 안 된다고 그는 주장
한다.52) 이웃사랑의 실천을 망각한 한국 기독교의 반공 이데올로기,
교파 싸움, 기복신앙에 사로잡힌 성령운동, 무분별한 교회당 건축 등
기독교의 자기 과시적이고 이기주의적인 행태를 그는 맹렬하게 비판
한다.53)

함석헌은 동경 유학 시절에 김교신을 통해서 일본의 근대화를 이
끈 20인 중 한 사람인 우찌무라 간조(內村鑑三)를 소개받았는데, 그에
게서 기독교 복음과 민족애民族愛가 둘이 아니라 하나로 통합될 수
있다는 신념을 갖게 되었다. 무교회신앙의 영향 하에서 쓰여진 그의
초기 역작이『성서적 입장에서 본 조선역사』이다. '야훼의 종'의 고
난이 이스라엘 민족을 구원하듯이 그리고 예수의 고난이 인류를 구
원한 것같이, 함석헌은 4천 년에 걸친 조선민족의 굴욕과 좌절과 실

패의 역사가 세계사의 지평에서 구원사적 의미를 지니고 있음을 보았다. 곧 그는 내란과 외세의 침략을 포함하여 100회 이상 전쟁을 치렀고 50번 이상 정복을 당했던 참담한 조선의 역사를 이러한 성서적 고난의 지평에서 새롭게 조명한다. '세계의 하수구' 또는 '수난의 여왕'으로서의 조선역사는 굴욕과 영욕의 처소일 뿐만 아니라 세계의 불의를 정화시키는 희망의 처소로 그는 본다. 이러한 역설적인 고난사관苦難史觀의 원조를 함석헌은 인류의 구원과 해방을 가능하게 했던 예수의 고난에서 발견한다. 함석헌은『성서적 입장에서 본 조선역사』에서 강자나 승리자 중심의 역사 서술을 배격한다. 그는 조선역사를 바로 지배자들에 의해서 억압당했던 약자와 패배자 중심의 민중사관民衆史觀의 지평에서 다시 써내려 간다. 당시 함석헌은 수난자의 역사철학은 동서양에도 없고 단지 성경밖에 없다고 생각하였다.54) 이러한 함석헌의 고난사관은 필자에게는 안병무의 민중신학 형성에 지대한 영향을 끼쳤던 것으로 사료된다. 예수와 함께 한 갈릴리 민중의 수난에 대한 신학적 성찰은 안병무 민중신학의 한 축을 이루고 있기 때문이다.

귀국 후 함석헌은 오산학교 교사로 있으면서 김교신, 송두용 등과 함께『성서조선』에서 글을 실으면서 무교회주의 신앙에 주목했다. 형식과 외형에 치우친 기성 기독교의 교회주의를 비판하고 하느님 중심의 신앙을 세우기 위함이었다. 신앙이란 하느님과 나 사이에 자유롭게 진리를 추구할 때 형성되는 것인데, 그 사이에 교회라는 세상적인 기구나 조직이 개입되면 신앙이 타락하게 된다는 것이다. 그는 한국교회 안에 병적으로 체질화되어 있는 인간 이기주의 신앙을 교회주의라고 비판한다. 교회는 생명이나 진리 자체를 증언하는 데 관심을 가져야 한다. 허나 교회가 이러한 본연의 임무를 망각한 채, 교회라는 세상적인 기구를 유지하고 확장하기 위해서 교회행정이나 사업적인 경영마인드에 치중한다. 이러한 효율적인 경영 중심의 교회를 함석헌은 교회주의 신앙이라고 비판했던 것이다. 물론 함석헌에 따르면 무교회주의 신앙은 교회 자체를 부정하는 것은 아니다. 제사 자체에는 관심이 없고, 젯밥에만 관심을 가지듯이, 진리 자체보다도 형식과 의식儀式과 교권敎權에 치우친 한국교회의 인간중심주의를 배격하는 것임을 알 수 있다.

무교회주의 신앙으로부터 함석헌이 배운 것은 두 가지로 요약된다. 모든 사람은 중간 단계를 거치지 않고 하느님 앞에 직접 나아갈 수 있다는 것과 성직자와 일반신도를 비롯하여 모든 사람은 하느님 앞에서 차별이 있을 수 없고 평등하다는 프로테스탄트의 개혁정신이 그것이다. 그것은 한편으로 진리(참)와 사랑의 문제이고 다른 한편으로 자유와 평등의 문제와 상통한다. 사랑과 정의를 향한 열정을 함석헌은 하느님 중심의 신앙이라고 한다. 그는 예수의 신앙을 두 가지로 요약했는데, 하느님을 섬기는 일과 이웃 사랑이다.55)

그러나 불혹의 나이에 접어들면서 그는 서구 편향적인 우찌무라 간조의 이러한 다민족주의 경향을 띤 기독교 사상의 한계를 느끼게 된다. 함석헌은 무교회주의 신앙 자체보다 그것이 지향했던 정신을 중요시했다. 수영하는 사람이 물속에 있으면서 물을 끊임없이 박차고 앞으로 나아가지 않으면 가라앉게 된다. 이와 같다. 종교가 체계화되고 고정화되어 현실에 안주하면, 그것은 생명력을 잃어버리게 된다. 기독교는 항상 프로테스탄트적인 비판정신을 잃지 않아야 하는데서 존재 이유를 발견해야 한다. 함석헌은 우찌무라간조의 무교회주의가 갖는 폐쇄성과 민중에 대한 무관심에 한계를 느끼게 된다. 함석헌은 한국 민중사의 특수성을 고려하고 신앙의 주체성을 확립하기 위하여 무교회주의와 결별하게 된다. 함석헌은 1953년 <대선언>이라는 시에서 기독교를 포함한 어떤 종교의 교파에도 속하지 않을 것을 공식적으로 선언한다. 그는 제도화된 기성 기독교보다도 진리가 더 위대함을 선언하였고, 참을 따르기 위하여 스스로 기독교의 이단자異端者가될 것을 공표하기에 이른다.56) 그는 모든 제도화된 종교의 틀에서 벗어나 하느님 중심, 참 중심, 영 중심, 씨알 중심의 새로운 종교의 패러다임을 모색하였다.

퀘이커교(Quakerism)와의 만남

기독교의 창시자 예수는 본래 생명과 평화주의자였다. 허나, 평화주의자 예수를 하느님으로 숭배하는 기독교는 중세 십자군 전쟁에서 볼 수 있듯이 그들의 진리를 수호한다는 명분 아래 살상과 전쟁을 일삼았다. 기독교는 인류역사에서 가장 호전적好戰的인 종교로 지탄의 대상이 되고 있다. 물론 지금도 마찬가지다.

함석헌은, 기독교 신앙을 접하면서부터 예수의 평화주의와 기성기독교의 반평화주의反平和主義 사이에서 항상 모순과 갈등을 느끼고 있었다. 1947년 월남하던 해에 함석헌은 당시 YMCA 총무였던 현동완으로부터 퀘이커교의 존재와 그들의 평화 활동에 대해서 듣게 된다. 특히 미국의 퀘이커교도들이 손에 총을 드는 것을 거부하고, 기꺼이 감옥의 길을 택하는 병역거부 운동에 대한 소식은 그를 감동시켰다. 예수의 평화적 삶이 그들에게서 실천되고 있음을 보았던 것이다.

쿼이커교(The Religious Society of Friends) 운동은 17세기 중엽 영국의 한 농촌에서 일어났다. 외적인 형식과 교리에 치중하여 신앙생활을 강요하는 기성교회에 염증을 느낀 크리스천들이 체험신앙과 하느님과의 직접적인 교제를 갈구하고 있었다. 당시 목동 출신으로 유난히 예민한 감수성을 지녔던 조지 폭스(Gorge Fox, 1624~1689)가 '영적인 여행(spiritual journey)' 끝에 펜들 힐Pendle Hill 끝에 작은 언덕에서 환상(vision)을 보고 깨달음을 얻게 된다. '오직 한 분 그리스도 예수가 계신데, 그분은 너희 형편과 처지에 맞게 말씀하신다(There is one, even Christ Jesus, that can speak to thy condition)'라는 깨달음이 그것이다. 그러한 그의 깨달음은 기성교회의 인습적이고 길들여진 신조(Creeds) 신앙에 날카롭게 충돌하는 것이었다. 그들은 교회의 전통을 지키는 것도 중요하지만, 동시에 현실적인 사회 문제에 관심을 갖고 책임의식을 느끼며 인도주의적인 실천도 중요하다고 생각하였다. 그런 차원에서 쿼이커교도들은 종교와 과학, 신앙과 이성의 접목을 중요시했다. 신앙의 신비적인 차원과 상식적인 차원의 조화 그리고 신앙의 개인적인 차원과 공동체적인 차원의 조화와 균형을 중시했던 함석헌에게 쿼이커의 과학적이고 이성적인 신앙은 큰 호감을 주었다.

쿼이커교도들은 신비적인 요소를 지니고 있지만, 신비주의자들이 흔히 빠지는 극단적인 주관주의에 빠지지 않았다. 그들은 그렇다고 해서 기성교회들에서 흔히 볼 수 있는 권위주의에게로 돌아가지도 않는다. 쿼이커교의 신비주의는 하느님과의 신비체험이 단지 한 개인의 수직적이거나 주관적인 차원에 머물지 않는다. 그것은 사람과 사람 사이의 수평적인 윤리관계로 확장된다. 함석헌의 씨알종교사상이 신비주의적인 면모를 지니고 있으면서도 주관주의에 빠지지 않고 사회역사적인 민중의 고난과 해방 지평과 접목될 수 있었던 것도 아마도 퀘이커의 윤리적 신비주의의 영향이었을 것이다. 함석헌은 이를 '씨알의 영성靈性' 또는 '공동체적 영성靈性'이라고 부르고 있다.

　신앙은 본래 상식적 차원을 무시해서는 안 된다. 신앙인 역시 상식적인 세계에 발을 딛지 않고서는 살 수 없는 존재이기 때문이다. 그런데 기성교회에서는 어떻게 가르치고 있나? '네 믿음대로 된다'거나 '믿음만으로 능치 못함이 없다'는 식의 '믿음 만능주의(*sola fide*)', '성서말씀 만능주의(*sola scriptura*)', '은혜 만능주의(*sola gratia*)'를 내세우면서, 기성교회의 신앙은 하나 더하기 하나는 둘이라는 모든 사람에게 두루 통하는 지극히 보편적인 이성과 합리성의 차원, 곧 상식의 차원을 상실해버렸다. 그리하여 믿음만 있으면 하나 더하기 하나는 백百도 되고 천千이 된다는 황당무계함을 신앙이 좋은 것으로 가르쳤다. 한국교회는 이성과 합리성 그리고 상식을 부정하는 것이 신앙이 좋은 것이라고 가르쳤다. 그리하여 한국교회는 한국사회에서 배타적이고 몰상식한 종교로 전락하고 말았다. 신앙은 일상적인 삶의 질서인 상식을 기초로 해야 한다. 신앙은 상식을 부정하는 것이 아니라 상식을 초월해야 한다는 사실을 잊어서는 안 될 것이다. 한국교회의 배타적이고 맹목적이며 광신적이고 몰상식한 신앙 행태에 염증을 느낀 함석헌이 점차적으로 퀘이커교 신앙에 매료된 것은 자연적인 귀결이었다.

　퀘이커를 접하면서 함석헌은 동서문화의 차이에도 불구하고 그가 평소에 생각하던 것들과 퀘이커교의 가르침 사이에 상당 부분 일치하는 점들이 있다는 것을 발견하게 된다. 함석헌에 따르면 모든 사람이 하느님은 아니지만, 하느님의 모습(*Imago Dei*)을 가진 자이다. 각 사람 속에는 성장하여 하느님에게까지 닿을 '하느님의 씨앗'이 내재해 있다는 것이다.57) '하느님의 씨앗' 사상은 본래 요한에게서 나타난다. "하느님께로부터 난 자마다 죄를 짓지 아니 하나니, 이는 하느님의 씨가 그 속에 거함이요, 저도 범죄치 못하는 것은 하느님께로부터 났음이라."(요일3:9) 요한은 당시 풍미했던 영지주의적(Gnostic) 이원론 사상에 친숙한데, 본문에서 이러한 사상이 나타난다. '하느님께로부터 난 자(*Pas Ho Gegennemenos ek tou Theou*)'에서 하느님은 아이를 낳는 여성적인 '어머니' 이미지로 은유되고 있는 것이 특징이다. 당시 가부장적 사회 가치에서 볼 때 파격적이 아닐 수 없다. 하느님이 낳은 자식은 죄를 짓지 아니한다는 것이다. 왜 그런가? 그 속에 '하느님의 씨알(*Sperma Autou*)'이 들어 있기 때문이다. '씨알'로 번역된 헬라어 '스페르마'는 농촌의 세계관을 반영하고 있는데, '하나'이면서 동시에 '전체'를 포함하는 개념이다. 한 인간의 마음속에 어떤 씨알이 심겨져 있느냐가 그 사람의 생각과 행동을 포함하여 삶 전체를 규정한다는 것이다. 인간의 본성은 두 가지 씨앗에 의해서 구성된다. 하느님의 씨앗과 악마의 씨앗 또는 선의 씨앗과 죄의 씨앗이 공존한다. 하느님께로부터 난 사람은 하느님의 씨앗이 그 속에 들어 있기 때문에 선한 행위를 하고, 악마로부터 난 사람은 악마의 씨앗이 그 속에 들어 있기 때문에 죄를 행한다는 것이 요한의 인간 이해이다. 요한은 철저하게 인간의 운명이 태생적胎生的으로 결정된다는 생각을 했던 것 같다. 그에게 인간의 행위는 그의 존재됨에 의해서 규정된다. 이러한 결정론적 이원사상은 아마도 요한교회가 서 있던 암울

한 선교 정황과 무관하지 않을 것이다.

누가복음에 따르면 나 밖에서 하느님 나라를 찾아 헤매는 사람들을 향하여 예수는 분명히 말한다. "하느님 나라는 너희 안에 있다." '너희 안'이라는 헬라어 '엔토스 휴몬*Entos Hymon*'은 두 가지로 번역이 가능하다. 한편으로 '너희 사이에(in the midst of you)'로 번역한다면 하느님 나라의 '공동체적 체험'을 강조하는 것이 되고, 다른 한편으로 '너희 속에(into you)'라는 번역한다면 하느님 나라의 '실존적 체험'이 강조된다. 그런데 분명한 것은 하느님의 나라가 나와의 관계성 속에서 존재한다는 것이다. 여기에서 하느님 나라가 하느님의 직접적인Direct 통치를 뜻한다면, 하느님 나라가 있는 곳에 하느님이 계시고, 하느님이 계신 곳에 하느님 나라가 있을 것이다. 하느님 나라가 너희 안에 있다는 것은 하느님을 네 안에서 만나라는 뜻을 지닌다.

요한복음에 따르면 예수는 '나를 본 사람은 하느님을 보았다'고 말한다. 요한복음에서 예수는 '내가 길이요 진리요 생명이다'라고 말한다. 유영모는 여기에서 '에고'를 나와 유리된 예수로 읽는 것이 아니라 자신을 가리키는 '나'로 읽는다. "나는 성서를 읽을 때 남의 이야기로 읽지 않습니다. 내가 지금 죽고 사는 이야기로 읽지요."[58] 유영모가 말하는 '나(*Ego*)'는 개체의 '나'이면서 동시에 하느님의 '나', 곧 보편성을 띤 전체의 '나'임을 알 수 있다. 함석헌이 말하는 씨알이 개체이면서 동시에 전체를 뜻하는 것과 같다. 함석헌과 유영모의 '나'에 대한 해석은 놀랍게도 신적 자기 계시의 전문용어에 해당하는 '에고 에이미(*Ego Eimi*)'와 상통한다. 요한복음에서 예수는 자기를 "나는 길이요 진리요 생명이다."(14:6), "나는 생명의 떡이다."(6:35.48), "나는 부활이요 생명이다."(11:25), "나는 선한 목자다."(10:14)라고 소개한

다. 예수의 말은 헬라어 문법상으로 볼 때 '길과 진리와 생명이 바로
나다'로 번역되는 것이 보다 더 자연스럽다. 본문에서 '나'는, 절대적
인 의미에서 주격이 아니라 상대적인 의미에서 '서술 주격敍述主格'으
로 번역이 가능하기 때문이다. 요한이 서술어敍述語로 사용하고 있는
'나'는 '개체적 나'가 아니라 '전체적 나'요 '보편적인 나'임을 알 수
있다. 길, 진리, 생명의 밥이 있는 곳에는 어디나 예수의 '나'가 존재
한다. 그런 의미에서 함석헌은 '역사상에서 일인칭을 똑바로 쓴 사람
은 예수밖에 없다'고 했다.[59] 예수는 '개체적 자아'를 넘어서 '보편적
자아'로 이해되고 있음을 알 수 있다. 곧 함석헌에게 있어서 중요한
것은 상相으로 나타난 예수의 육신(色身)이 아니라, 무상無相의 상相
인 예수의 법신法身, 곧 정신 또는 예수가 지향한 뜻이다. 그런데 기
독교는 예수가 가리킨 뜻이나 정신에는 관심이 없고, 그의 상相에 매
달려 있다고 비판한다.

함석헌은 예수에게서 씨알의 참모습, 곧 '옹근 씨알'을 보았다. 예
수는 자기를 '사람의 아들', 곧 씨알이라고 한다. "하느님과 씨알은
한 실오리의 두 끝과 같다. 위에서는 하느님이요 아래서는 씨알이다.
씨알 중에서도 참 씨알이 예수였다."[60] 씨알은 예수이고, 예수는 씨
알이다. 씨알과 예수는 불일불이不一不異의 관계를 가진다.

화기광동기진和其光同其塵

퀘이커는 '하느님의 내적 체험'을 강조한다. 그들은 신앙생활에 있
어서 인간의 내면에 있는 '속 생명Inward Life', '속 빛Inner Light', '속

에 계신 그리스도Christ Within'의 체험을 중요시한다. 인간의 내면에 잠재해 있는 이러한 하느님의 씨앗을 만나고 깨달을 수 있는 체험을 그들은 중요시한다. 이러한 내적인 하느님 씨앗 체험을 함석헌은 '속알 밝힘'이라고 한다.61) 이 내면의 알짬 또는 속알을 밝혀서 어두운 역사를 밝혀야 함을 그는 강조한다. 함석헌에게는 속알 밝힘 그 자체가 목적이 아니다. 인간의 자기향상을 위한 수행은 역사를 정화시키고 이웃을 사랑하는 단계로 발전해야 한다는 것이다.

함석헌의 '속알 밝힘' 사상은 성서에서뿐만 아니라 동양종교 사상에서도 나타난다. 대승불교에서 진리를 추구하는 사람의 궁극적 목적을 상구보리하화중생上求菩提下化衆生에서 찾는다. 위로는 자기향상을 위하여 끊임없이 수행 정진하는 삶을 게을리 하지 않고, 아래로는 나눔을 통해서 민중과 하나 되는 삶을 게을리 하지 않는 것이다. 상구보리는 하화중생으로 가는 길목이며, 중생과 하나가 되는 데서 완성된다. 노자도 『도덕경』 제4장에서 '화기광동기진和其光同其塵'을 말한다. 빛을 부드럽게 하여 티끌과 하나 되는 곳에서 도를 만날 수 있다는 것이다. 도는 세상과 별개로 존재하는 것이 아니다. 화기광동기진은 말씀(로고스)이 육肉이 되어 씨알(민중)과 하나가 된다는 요한복음의 성육신(Incarnation) 사상과 서로 통한다. 함석헌의 '속알', 요한의 '로고스', 퀘이커의 '속 빛' 또는 '속 생명', 불교의 '불성', 노자의 '도', 바울의 '내면의 그리스도' 사상은 표현 방식에 있어서는 다르지만 본질에 있어서는 대동소이함을 알 수 있다.

함석헌은 동학에 대해서 별로 언급한 바가 없다. 허나, 함석헌의 '속알 밝힘' 사상은 동학의 시천주侍天主 사상과 상통한다. 동학의 창시자 수운水雲 최제우崔濟愚는 1860년 4월 5일, 용담에서 기도 중에

'오심즉여심吾心卽如心'이라는 천어天語를 듣고, 무극대도無極大道를 이룬다. 하느님 마음은 다른 데 있는 것이 아니라 바로 내 마음속에 있다는 깨달음을 얻은 것이다. 서구 르네상스의 출발이 인간의 재발견에 있었다면, 한국 근대사상의 시발점은 바로 이러한 동학의 휴머니즘 사상에서 비롯된다고 볼 수 있을 것이다. '내 마음이 네 마음과 다르지 않다'는 하늘의 소리, 곧 인간의 마음에서 하늘의 마음을 보고 들은 최제우야말로 한국 근대역사에서 휴머니즘의 효시嚆矢라고 할 수 있을 것이다. 최수운의 득도得道 장면은 예수께서 요한에게 침례浸禮를 받고 올라올 때 하늘에서 들은 음성과 흡사하다. 마가복음에 따르면 예수는 하늘로부터 '너는 내 사랑하는 아들이다'라는 음성을 듣고 크게 깨우친다.(막1:11) 내 속에 계신 한울님에 대한 깨달음에 근거하여 최수운은 사람이 곧 한울님의 신령한 본성을 모시고 있는 존엄한 존재라는 시천주侍天主 사상을 폈다. 모든 인간은 하느님을 모시고 있다는 시천주의 인간 평등사상은 19세기 중엽 조선 말기의 혼돈기에 민중 스스로 주체적으로 난국을 타개해 나가야 한다는 민중적 자의식을 각성시키는 계기가 되었다. 시대적 위기를 극복할 수 있는 주역主役은 기득권 양반 계층이 아니라, 바로 고난당하는 민중이라는 신념을 동학은 불어넣어 주었던 것이다. 동학은 민중이 자기 자신을 바르게 알고, 자기 속에 내재한 신적 역량을 발휘하여 나라를 구해야 한다는 가르침을 시천주사상을 통하여 펼쳤던 것이다. 함석헌의 씨알교육도 이와 유사한 지평에서 추진되었다. 그에게 있어서 교육은 없던 것을 새로 주는 것이 아니다. 씨알 속에 이미 내재內在해 있으면서도 자각하지 못한 것을 각성시켜 자기 존재의 참된 가치를 일깨워주는 것이 그가 시도했던 씨알교육이다.62) 동학의 시천주운동과 함석헌의 씨알교육운동은 이런 면에서 상통한다.

또한 동학은 절대타자(God Without)로서 초월적인 예배의 대상으로서의 신을 숭배하던 서학(기독교)에 반대하여, 내재적인 하느님(God Within)을 모실 것을 강조했다. 동학의 2대 교주 해월海月은 향아설위向我設位를 제창했다. 벽을 향하여 제상祭床과 위패位牌를 차려놓았던 향벽설위向壁設位에서 나를 향해 그것을 돌려놓도록 하는 새로운 제사법을 창안했던 것이다. 조상의 얼과 생명은 나 밖에 별도로 존재하는 것이 아니라, 바로 내 안에 내재한다고 보았기 때문이다. 내 안에 내재하고 있는 하느님을 찾는 동학의 휴머니즘은 훗날 강증산의 사상과 실천, 유영모와 함석헌의 씨알사상을 거쳐 민중신학의 창시자 중 하나인 안병무의 민중 메시아론에게로 이어진다고 볼 수 있다.63)

평화주의 사상의 차원에서뿐만 아니라 개인의 수행적修行的 차원에서도 퀘이커교와 동양종교들은 서로 통하는 면이 있다. 퀘이커가 드리는 침묵 예배, 불교의 참선, 노자의 명상, 힌두교의 요가는 비록 진리를 추구하는 형식에 있어서는 다르지만, 본질에 있어서 서로 통한다. 이런 견지에서 함석헌은 모든 종교는 궁극적으로 하나로 만나게 된다는 종교적 보편주의에 이르게 된다.64)

함석헌이 퀘이커교에서 가장 감명을 받은 것 가운데 하나는 공동체 정신이다. 퀘이커교를 만나기 전까지 함석헌은 개인주의적 사고에 머물러 있었다고 한다. 세상이 다 없어져도 나 혼자만으로 기독교가 존재할 수 있다고 그는 생각했다. 그러나 퀘이커교를 만난 후 그는 전체를 떠난 개인을 있을 수 없다는 공동체 정신에 새롭게 눈뜨게 되었다.65)

함석헌은 퀘이커가 강조하고 있는 기독교인의 사회역사적 책임,

철저한 자기수련, 간소한 생활자세, 중용적인 삶, 전쟁 반대와 병역거
부운동들이 한국적 상황에서도 육화肉化해야 한다고 생각했다.
1960~1970년대에 걸쳐 함석헌이 투신했던 민주화인권운동은 이와 무
관하지 않을 것이다.

함석헌에게 있어서 무교회 신앙과 퀘이커 신앙 사이에 단절이 있
다기보다는, 무교회 신앙에 물려받은 신앙의 유산을 퀘이커 신앙에서
계승하고 보완했다고 보아야 할 것이다. 하느님 앞에 직접 나아감, 신
앙의 탈脫제도화와 비非권위주의 사상으로 요약되는 무교회 신앙의
핵심사상은 함석헌에게 있어서 퀘이커의 윤리적 신비주의, 사회역사
적 책임과 씨알민중사상으로 보완되었다. 무교회주의와 퀘이커와의
만남을 통해서 함석헌의 신앙의식信仰意識과 실천영역은 보다 확장되
고 심화되었다고 볼 수 있을 것이다.

제 7 장
안병무의 생애 스케치

안병무는 1922년 6월 23일, 평안남도 안주군 신안주면 운송리에서 한의사인 안봉식과 정원식 사이에서 장남으로 태어났다. 두 살이 되던 해에 안병무는 이민을 결심한 아버지를 따라 어머니의 등에 업혀 만주로 가게 되는데, 그리하여 간도가 그가 자란 제2의 고향이 된 셈이다. 한의사이며 동시에 한학漢學에 조예가 깊은 아버지의 엄격한 지도 밑에서 안병무는 어려서부터 공자, 맹자를 공부하게 되었는데, 아마도 이러한 인연이 그로 하여금 평생 동안 동양사상과의 연관성 속에서 신학을 하도록 동기를 부여했는지도 모른다.

안병무가 성장한 간도의 들미동 마을, 동네 한가운데 미루나무 몇 그루가 서 있을 뿐, 척박하기 그지없는 허허벌판이었다. 그곳은 낮에는 일본인 순사들에 의해서 치안이 유지되었지만, 밤에는 독립군과 공산군들의 천하가 되었던 곳이기도 하다. 밤에는 어머니가 먹을 양식과 옷가지를 독립군들에게 건네주는 장면을 안병무는 목격하기도 하였는데, 그는 그들의 무릎에 앉아 독립투사들의 전설적인 무용담을 들으면서 자랐다.

소학교 4학년 때인가, 안병무는 교장 선생의 비리에 항거하여 스트라이크를 벌이다가 결국 퇴학당하고 만다. 그 후, 안병무는 80리 떨어진 용정으로 학교를 옮겼고, 당시 김재준이 교편을 잡고 있던 은진중학교에 진학하여 윤동주, 문익환, 문동환, 강원용 등을 만나 그들과 더불어 청소년기의 꿈을 키운다. 안병무는 1940년 학교를 졸업하고 그 이듬해 일본으로 건너가 대정대학에 들어간다. 그곳의 문학부에서 3년 동안의 과정을 수료하고 귀국하여, 서울대학교 사회학과에 입학한다. 1950년 졸업하던 해 전쟁이 발발하자 안병무는 한편으로 『야성』野聲이란 잡지를 발행하여 계몽운동을 전개하고, 다른 한편으로 예수정신으로 뭉친 신앙공동체운동을 펼친다. 이러한 신앙공동체운동의 결과로 태어난 것이 현재 서울 명동에 있는 향린교회이다. 1946년 안병무는 일신회一信會를 조직하여 사유재산의 포기를 통한 철저한 '신앙생활 공동체'를 꿈꾸었는데, 그것은 변형된 형태의 제도교회로 되고 말았다. 향린교회를 가리켜 '본래 호랑이를 그리려고 하였는데, 고양이를 그리고 말았다'는 그의 말을 필자는 자주 듣곤 하였다.

안병무는 1956년 '역사적 예수'라는 화두를 가지고 독일 유학길에 오른다. 당시 그는 세계를 풍미하던 휴머니즘적인 실존주의, 그리고 동양문화와 서양문화의 폭넓은 대화에 관심을 기울였고, 불트만 신학과의 해후邂逅를 통하여 '역사적 예수' 추적에 심혈을 기울인다. 그는 하이델베르크 대학에서 불트만의 제자인 보른캄(G. Bornkamm)의 지도하에 「예수의 사랑과 공자의 인仁의 연구」라는 제목으로 학위논문을 제출하였다. 이 논문에서 그는 '사랑'과 '인仁'을 매개로 한 동양과 서양의 사상적 만남을 시도했다.

1965년 독일에서 귀국한 안병무는 중앙신학교(현 강남대학교)를 거쳐 1970년 한국신학대학 교수로 자리를 옮기면서 불트만의 실존주의 신학을 비롯하여 서구의 신학적 동향들을 학생들에게 소개하는 데 심혈을 기울였다. 학문하는 방법에 있어서의 엄격성과 날카롭고 비판적인 사고 그리고 절제된 실존주의 언어 사용은 그의 강의를 듣는 청중을 사로잡기에 충분하였다. 안병무의 이와 같은 학문하는 자세는 아마도 불트만의 영향으로 생각된다.

1970년 11월, 청계천 피복 노동자 전태일 분신 사건이 발생했다. 이 사건은 안병무로 하여금 신학에 대한 근본적인 물음을 묻게 하였다. 당시 한국신학대학에서는 매 학기마다 두 주간씩 목회실습을 하였는데, 주로 빈민선교 지역이나 수도권 특수선교 현장을 신학생들과 함께 자주 방문하면서 안병무는 민중의 처절한 삶을 목격하게 된다. 바람직한 신학의 자리는 어디인가? 고난 받는 민중에게 기독교 복음은 과연 무슨 의미가 있는가? 그의 강의 내용은 실존주의 신학에서 점차적으로 민중신학으로 서서히 바뀌어 갔다. 그는 오늘의 민중 경험을 통하여 성서의 민중을 만나게 되었고, '민중의 눈'으로 성서를 새롭게 읽는 해석학적 방법론을 제창하기에 이른다.

1973년 안병무는 독일교회의 재정적 도움으로 <한국신학연구소>를 설립한다. 그는 한편으로 계간 『신학사상』을 비롯하여 전문적인 신학 서적을 출간하여 한국 신학계에 유럽을 중심으로 세계 신학의 조류를 소개하였을 뿐만 아니라, 다른 한편으로 한반도의 평화통일을 위한 이데올로기의 비판적 소개와 민중신학의 형성을 위한 장場으로 연구소를 활용하였다. 안병무를 비롯하여 서남동, 현영학, 김용복, 서광선, 허병섭 등이 주요 멤버로 활동하였다.

1975년 6월 안병무는 해직되었다. 민주회복을 위한 한국신학대학 학생운동에 영향력을 끼친다는 이유에서이다. 강단에서 쫓겨난 그는 이제 거리의 신학자가 된다. 그는 당시 독재정권에 의해서 해직된 교수들을 중심으로 갈릴리교회를 세우는데, 예수의 선교 현장인 갈릴리가 다름 아닌 민중의 삶과 고난과 희망의 현장이었기 때문이다. 갈릴리교회는 당시 인권회복과 민주화를 위한 크리스천 지식인 운동의 산실産室이 되었다.

1976년 3월 안병무는 명동성당에서 있었던 '3·1민주구국선언' 사건에 가담한 연유로 서대문 구치소에서 10개월 간 옥고 생활을 한다. 감옥에 만나는 범죄자들을 통하여 그는 민중을 새롭게 경험하고, 성서가 증언하는 예수의 친구 죄인이 누구인가를 구체적으로 발견한다. 그는 개인의 실존적 차원에서 생각했던 죄와 악에 대한 사회구조적 차원을 새롭게 인식하기에 이른다.

1980년 안병무는 한국에 최초로 개신교 수도원 공동체인 <한국 디아코니아 자매회>를 설립한다. 독신 수도자들을 훈련시켜 제도교회가 할 수 없는 예수의 사랑을 사회 속에 실천하려는 것이 목표였다.

해직된 지 만 10년 만에 안병무는 1984년 한신대학교에 복직되어 후진을 양성하면서, 민족통일을 준비하기 위한 평화연구소를 설립한다. 87년 퇴임 후 그는 민중신학 발전에 더욱 힘쓰는 한편, 전두환 정권에 의해 폐간된 『현존』을 다시 살려 『살림』지로 창간한다. 1996년 10월 19일, 안병무는 감옥에서 얻은 지병이 악화되어 그가 평생 좌우명으로 삼았던 '공성이불거功成而弗居'의 삶을 뒤로하고 우리의 곁을 떠났다.

제**8**장

씨알민중신학의 단상

의식과 존재의 변증법

한 인물의 사상을 바르게 이해하기 위해서는 그의 생애와 그가 살았던 시대적 정황에 대한 이해가 전제되어야 한다. 인간의 사상이 물질적 조건을 규정하는 측면도 있지만, 동시에 물질적 조건에 의해서 한 인간의 의식이 규정되는 측면도 적지 않기 때문이다. 인간에게 있어서 의식(Bewußtsein)과 존재(Sein)는 서로 별개로 존재하는 것도 아니고, 하나가 다른 하나보다 우위를 점하는 상하 관계에 있는 것도 아니다. 의식과 존재는 동일하지도 않으면서 그렇다고 해서 다른 것도 아닌 불일불이不一不異의 관계를 가지며, 상호 의존적이고 서로가 서로를 해석한다.

민중신학의 주춧돌을 놓았던 한 사람인 안병무의 신학사상을 검토하는 데 있어서도 이 점이 고려되지 않으면 안 될 것이다. 안병무는 독일 하이델베르크에서 10년 이상 유학하면서 키에르케고르, 하이데거 등 당시 서구 엘리트 지성인의 정신계를 휩쓸던 실존주의 철학과 그에 바탕을 둔 실존주의 신학 연구에 깊이 몰두했다. 그럼에도 불구하고 그의 씨알민중신학은 소위 상아탑에서 형성된 아카데미즘이나 사변思辨 위주의 신학과는 일정한 거리가 있음을 찾아볼 수 있다. 안병무가 치열하게 살았던 1970~1980년대 민중이 경험했던 한국사회의 정치·경제적 상황은 곧 안병무의 신학사상을 형성하는 데 있어서 토대를 이루고 있다. 우선 안병무의 생애와 그의 민중신학의 물적 토대를 간단하게 일별一瞥하고, 그 바탕 위에서 그의 신학사상을 살펴본 다음, 다가오는 21세기 신학의 지평에서 안병무 신학이 갖는 의의를 동양사상과의 연관성 속에서 다루게 될 것이다.

현재 우위의 신학

안병무의 씨알민중신학은 상아탑에서 신학을 학문적으로 연구하는 과정에서 나온 사변적 산물이 아니다. 그것은 1970~1980년대 한국사회가 겪은 총체적 위기상황에 대한 한국교회 선교의 대응이요, 이에 대한 신학적 성찰의 성과물이라고 볼 수 있다. 그의 씨알민중신학에서는 정치精緻한 신학논리를 전개하기에 앞서 그가 온몸으로 경험했던 민중사건에 대한 시대적 증언이 우위를 차지하고 있다. 그런 면에서 그의 신학은 불트만의 '현재' 우위적인 신학과 맥을 같이한다고 볼 수 있을 것이다. 불트만에게 있어서 성서 텍스트(과거)보다 독자의 실존적 결단(현재)이 우위를 차지한다면, 안병무에게 있어서는 독자가 경험하는 오늘-여기의 민중사건이 성서 텍스트에 비하여 우위를 차지한다. 불트만이 인간의 자기 이해와 실존적 결단을 중요하게 다루고 있다면, 이와 달리 안병무는 오늘의 민중 경험과 해방 실천을 우선적으로 다루고 있다. 이 점에서 두 사람 사이에 차이가 발견된다.

안병무의 '현재' 우위적 신학적 성향은 그의 씨알민중경험과 무관하지 않다. 계속되는 폭압적인 군사정권의 독재 밑에서 그는 인간이 운명적으로 벗어날 수 없는 구조악의 실체를 발견한다. 성서가 말하는 사탄이나 악마는 곧 그가 경험하고 있는 유신헌법, 국가보안법, 긴급조치 등 민중의 삶을 억압하고 있는 구조악 외에 다른 것이 아니었다. 이러한 구조악에 의해서 철저하게 억압과 수탈을 당하면서도, 역사에서 사라지지 않고 생명을 이어가는 민중은 그에게는 계몽의 대상도 아니고 구제의 대상도 아니었다. 민중이야말로 생명의 원천이요, 역사의 주체였다. 이러한 씨알민중이 처한 사회역사적 현실 인식에서 안병무는 특히 외부세계와의 단절을 꾀하며 인간 내면의 세계, 곧 자기 이해의 차원에 국한시켜 복음을 해명하는 불트만의 실존주의 신학이 갖는 한계성을 보게 된다.

실존주의 신학은 그리스도교인을 실존에 몰입시킴으로써 역사와 민중에 대한 그들의 책임을 회피하게 만든다. 그것은 역사의 한복판에 뛰어들기를 꺼리는 서구 지성들에게 현실 도피처를 제공하지만, 세계 문제, 곧 민중 문제를 해결하는 데는 전혀 도움을 주지 못한다. 1970~1980년대 구조악과 민중의 고난을 경험하고 그들의 해방을 위한 투쟁에 연대하는 실천운동에 참여하는 과정에서, 안병무는 '신학의 탈서구화脫西歐化' 또는 '신학의 엑소더스Exodus화'를 부르짖었다. 그 결과들이 해석학적 패러다임 교체(Paradigm Shift)로 나타났다. 그러면 안병무가 시도했던 해석학적 패러다임 교체의 주요 내용은 무엇인가?

예수에서 예수민중에게로

지금까지 서구 기독교 전통이 신학의 중심 주제로 삼아온 것은 무엇인가? 삼위일체론에서 볼 수 있듯이, 신론, 그리스도론, 성령론이라 할 수 있을 것이다. 또는 몰트만의 신학에서 나타나고 있듯이 삼위일체 신학의 현재적 변용이라 할 수 있다. 안병무는 그동안 서구 재래신학이 주목하지 않았던 예수민중Jesus-Minjung을 신학의 주제로 설정하여 민중신학을 전개했다. '예수 그리스도Jesus Christ'에서 '예수민중Jesus-Minjung'에게로 신학의 패러다임 교체는 신학의 주객을 전도하는 획기적인 일이었다.

이것은 신학에 있어서 중심과 주변의 경계를 해체하는 것이요, 일극一極 중심의 신학에서 다극多極 중심의 신학에게로, 신학의 인식 변화를 가능케 하였다. 안병무는 서구 주류신학의 패러다임을 뒤집는다. '케리그마의 그리스도'에서 '역사의 예수'에게로, 좀 더 정확하게 표현하자면, '예수민중'에게로 신학의 패러다임을 뒤바꾸었다. 그는 예수민중의 사회적 현실에 발을 딛고 예수운동을 조명한다.

지금까지 서구의 재래 신학에서는 그리스도론 하면, 곧 '위로부터의 그리스도론(Christologie von Oben)'이었다. 그들에 의하여 예수는 하느님의 아들이나 신적 그리스도로 신격화되거나, 아니면 이스라엘 민족을 구원할 다윗의 아들인 정치적 메시아로 귀족화되었다. 이에 반대하여 안병무는 '아래로부터의 그리스도론(Christologie von Unten)'을 펴다. 그는 예수의 본질을 그의 신성神性에서 찾지 않는다. 오히려 자기를 비우며(케노시스) 낮은 자리에 있는 민중적 특성에서 찾는다. 안병무는 사회적으로 낮은 자리에서 가장 높은 신적 거룩성(Heiligkeit)을 찾는다. 거룩성의 자리는 교회나 성전이 아니다. 세리, 죄인, 창녀 등 이른바 사회에서 천대받고 학대당하는 소외된 민중에게서 그는 거룩성의 자리를 발견한다. 안병무는 성聖과 속俗의 이분법을 해체한다. 성 속에 속이 있고, 속 가운데 성이 있다. 그에게는 성속일여聖俗一如이다. 예수 따로, 민중 따로 있는 것이 아니다. 그에게는 씨알예수민중만이 있을 뿐이다. '민중의 눈'은 그에게 있어서 세계와 성서를 보는 하나의 출발점이 된다.

이러한 안병무의 씨알민중사상을 우리는 노자에게서 찾아볼 수 있다. 『도덕경』 제8장에 따르면 최고의 선은 마치 물과 같다고 했다(上善若水). 물의 특성은 무엇인가? 흘러야 한다. 그래야 모든 생명을 살리는 생수生水가 될 수 있다. 물은 항상 낮은 곳으로 향하고 낮은 곳에 머문다. 장애물이 나타나면 다투지 않고 에둘러 흐른다. 물은 만물을 이롭게 한다. 물은 사람들이 싫어하는 곳에 머문다. 그럼으로써 도道에 가장 근접해 있다.

민중은 물과 같다(民衆若水). 민중은 사람들이 가장 싫어하는 곳, 낮은 곳에 머문다. 세상 죄를 도맡아 지고 간다. 그러면서 민중은 역사를 이끌어 가는 주체이기도 하다. 민중의 자리는 어디인가? 위(上)가 아니라 아래(下)이다. 양陽이 아니라 음陰이다. 실實이 아니라 허虛이다. 직선이 아니라 곡선이다. 센 것(强)이 아니라 약한 것(弱)이며, 단단한 것(剛)이 아니라 부드러운 것(柔)이다. 중심이 아니라 변두리이고, 지배계급이 아니라 피압박계급이다. 안병무는 아래, 음지, 변두리,

수동성, 고난 등에서 민중의 속성을 찾는다. 그에게 있어서 민중은 남성적 이미지를 지니고 있다기보다는 오히려 여성적 이미지를 지닌다. 안병무의 주요 관심은 민중의 투쟁과 해방에 있다기보다는 오히려 민중의 수난과 한恨을 증언하는 데서 발견된다. 이점에서 안병무의 민중신학은 남미의 해방신학과 성격을 달리 한다고 볼 수 있다.

예수민중사건

불트만은 십자가 사건에서 과거에 일회적으로 끝난 사건이 아니라, 시공을 초월한 보편적 구원사건을 본다. 믿음(*Pistis*)을 통해서 그 의미가 현재화될 때, 십자가 사건은 시공을 초월하여 영향을 끼치는 종말론적 사건(Eschatological Event)이 된다는 것이다. 이와 같은 방식으로 십자가 사건은 '지금-여기(Here and Now)'에서 그리스도인이 드리는 예배 속에서 그리고 그리스도교인의 삶 속에서 현존한다. 부활 사건은 무엇인가? 불트만에 따르면 그것은 십자가의 의미사건意味事件이다. 십자가의 의미는 역사비평학적 탐구에 의해 재구성될 수 있는 것이 아니다. 그것은 케리그마 사건에서 드러난다.

불트만으로부터 사건 개념을 빌려 온 안병무는, 예수의 활동 속에 나타난 '하느님의 의지(Gottes Wille)'를 사건(Event)으로 이해한다. 이웃사랑 계명은 하느님사랑 계명의 현재화이다. 하느님의 역사 개입, 곧 수직적인 것이 수평적인 것과 만나 불꽃을 일으킬 때 계시사건이 발생한다. 안병무는 1970년대 민중사건(Minjung Event)을 경험하면서 그 속에서 역사를 초월하는 사건을 만난다. 초월은 불트만이 말하듯이 예배의 설교말씀인 케리그마Kerygma에서 현재하는 것이 아니라, 지금-여기에서 일어나는 민중사건에서 만난다. 따라서 그는 복음서를 개인 예수의 '(개인전기, Individual Biography)'로 읽지 않고, 예수와 함께한 갈릴리 민중의 '사회전기(Social Biography)'로 읽는다. 불트만이 한 인격체로서의 역사적 예수를 찾다가 불가지론不可知論에 빠져 케리그마에 정착하고 말았다면, 안병무는 '민중사건'을 매개로 하여 케리그마 신학이 포기한 역사의 예수를 재구성한다.

그가 추구하고 있는 역사의 예수는 무엇인가? 자유주의신학자들이 추구했던 소위 객관성과 합리성에 근거한 인격체로서의 예수상像인가? 그렇지 않다. 그는 자유주의신학자들의 역사적 예수 복고작업復古作業을 비판한다. 그것은 예수 사건을 박제화하기 때문이라는 것이다. 안병무는 한 인격으로서의 '예수'에는 관심이 없다. 민중과 동고동락하며 그들의 삶의 파트너로 살았던 한 집단으로서의 '예수민중사건'에 관심한다. 사건은 혼자 일으킬 수 없다. 사건은 언제나 집단적 의미를 지닌다. 사건을 경험한 사람들은 그것을 전달할 때 사변화思辨化하지 않는다. 생생하게 이야기 식으로 전달한다. 안병무가 예수 사건을 말할 때 그것은 예수 개인 사건이 아니라 항상 더불어 일어난 '예수민중사건'임을 강조한다. 이러한 예수민중사건은 민중 언어, 곧 민중 이야기를 통해서 전승된다. 예수민중사건의 전승자들은 정치적 박해하에 있었기 때문에, 그들이 경험한 예수민중사건을 정상적인 방법이 아니라 오로지 유언비어 형태로 전달할 수밖에 없었다고 안병무는 말한다.

불트만은 교회의 시발점을 예수를 하느님 아들 그리스도로 선포한 초기교회의 케리그마Kerygma 사건에서 찾는다. 그러나 이와 달리 안병무는 케리그마 사건에 앞서 예수민중사건이 있었다고 주장한다. 교회의 시발점은 케리그마 사건이 아니라 예수민중사건이라는 것이다. 케리그마 사건이 교회의 제도화를 추진했던 교권주의의 산물이요 교회 지도층에 의해서 전승되었다면, 예수민중사건은 익명의 평신도 집단에 의해서 전승되었다는 것이다. 안병무는 교회 지도층에 의해 형성된 케리그마 사건이 예수민중사건을 은폐하고 그것의 탈역사화脫歷史化를 초래했다고 본다. 안병무에게 있어서 예수민중사건은 '유일회적인(Eph Apax)' 사건으로 머물지 않는다. 예수민중사건은 '단 한번'으로 끝난 사건이 아니라, 역사에서 진행되는 민중사건 속에서 마치 화산맥처럼 끊임없이 이어진다. 불트만이 오늘의 설교(케리그마) 속에서 현존의 그리스도를 만나듯이, 안병무는 오늘의 민중사건 속에서 현존의 예수를 만난다.

'케리그마 사건'에서 '예수민중사건'에게로의 패러다임 교체(Paradigm Shift)는 그리스도교 복음을 인간의 의식 차원에 국한시킴으로써 가현론假顯論에 빠질 위험성이 있는 실존주의 신학을 구제하는 측면이 있다. 케리그마는 초기교회 지도층의 지배 이데올로기의 산물이라기보다는 예수민중이 지니고 있던 종말신앙의 투영으로 보는 것이 더 타당할지도 모른다. 초기교회에서는 아직 교권을 둘러싼 계층구조가 확연하게 드러나지 아니했을 것이다.

'나'에서 '우리'에게로

서구신학에서 찾아볼 수 있는 주요 패러다임의 하나인 이원론적 주객도식의 극복 또한 안병무 신학에서 찾아볼 수 있는 주요한 과제이다. 서구철학과 신학 전통에서는 이원론적 경향이 강하게 나타난다. 플라톤, 데카르트, 칸트로 이어지는 관념론의 철학 전통에서는 이 세계를 본질과 현상, 중심과 주변, 자연과 역사, 이성과 감성, 육체와 영혼으로 이분화하여 이해하는 데 익숙해 있다. 서구 근대철학의 기초를 놓은 데카르트의 '에고Ego' 철학은 세계를 정신(*Res Cogitans*)과 물질(*Res Extensa*)로 이분화하여 이해한다.

이러한 주객 이분법에 기초한 서구신학을 안병무는 한국적 고유 개념인 '우리'를 매개로 하여 넘어서려고 한다. 안병무의 '우리' 강조가 개인주의를 극복하는 측면이 있다. 민중사건에서는 "나 없이 너 없고, 너 없이 나 없다. 따라서 실제 있는 것은 나와 너가 아니고 '우리' 뿐이다." '우리'는 본래 '울타리'에서 유래했다. '소우리' 또는 '돼지우리'에서 볼 수 있듯이, 한 울타리 속에 있는 운명공동체를 가리켜 '우리'라고 한다. 안병무에 따르면 서양적 사고에서는 '나'가 중심인데, 반면에 동양적 사고에서는 '우리'가 중심이다. 그러나 성서에는 나와 너의 이분법이 없다는 것이다. 오직 '우리'만이 존재한다는 것이다. 창세기에 나오는 '아담'은 한 개체라기보다는 집단적(Corporative) 표상인 '사람 일반'을 가리킨다. 인간을 가리키는 '아담(*Adam: Homo*)'은 흙을 가리키는 '아다마(*Adama: humus*)'에서 왔다. 하느님을 나타내는 엘로힘*Elohim*도 단수가 아니라 복수이다. 창조주는 '우리와 같은 형상(*Imago Dei*)'으로 사람을 만들자고 결의한다.(창1:26) 인간도 우리요, 인간과 자연도 우리이며, 인간과 하느님도 우리이다. 개인 독점적인 사고는 구약에서 발견되지 않는다. 구약의 세계에서는 신과 자연과 인간이 따로 존재하지 않는다. 하느님은 '우리'가 되어 세계를 창조하고 이스라엘 역사를 만들어 나간다.

안병무는 '우리 의식'을 강조한다. 민중의 고난과 해방사건에 참여함으로써 '우리 의식'을 갖게 된다는 것이다. 안병무는 예수와 민중도 우리의 관계로 본다. 그는 예수는 구원의 주체요, 민중은 구원의 객체로 보는 시각을 지양止揚한다. 안병무는 예수와 민중을 주객 이분법을 넘어선 '우리'의 틀에서 본다. 예수는 공생애(Public life)를 시작하자마자 갈릴리 민중(오클로스)에게 둘러싸여 짧은 생애를 마쳤다. 그는 민중 위에 군림하지 않았다. 예수는 그들의 동반자(Partner)로서 그들과 동고동락同苦同樂하며 '우리의 삶'을 살았던 것이다. 그러나 그리스도교는 어떻게 했는가? 신학이 예수를 신격화하면서 하느님으로 떠받들었다. 그런 방식으로 예수를 예수민중으로부터 떼어놓았다. 예수는 하늘에 있고, 예수민중은 땅에 있게 되었다. 그리스도교는 예수를 마침내 탈역사적脫歷史的인 존재로 만들었다. 마치 도스토엡스키의 「대심판관」에서처럼, 그리스도교는 예수를 그들의 현실생활에서 완전히 추방하고, 예수 없는 독자적인 왕국을 건설했다는 것이다.

복음서에 따르면 병을 고치고 귀신을 내쫓는 기적 이야기들은 예수 공생애에서 많은 부분을 차지한다. 이러한 치유 기적 이야기들은 예수가 초능력자임을 과시하려는 데 있지 않다. 치유 기적 이야기들에서 예수는 '내가 너를 낫게 하였다'고 말하지 않는다. 예수와 병자를 주객 이분법으로 나누지 않는다. 예수는 '네 믿음이 너를 낫게 하였다'고 말한다. 치유하는 예수와 치유를 받는 민중은 주객으로 분리되지 않는다. 기적사건에서 예수와 병자는 '우리'가 된다. 그런 의미에서 안병무는 마가복음의 기적 이야기들을 개인 예수의 자서전(Auto-Biography)이 아니라, 민중의 '사회 전기(Social Biography)'라는 시각에서 독해한다. 하여튼 예수와 민중은 대상적 사유방식으로는 파악할 수 없고, '우리'라는 운명공동체의 시각에서 파악해야 한다는 것이다.

불교의 주요 사상 가운데 연기론緣起論이 있다. 연기론에 따르면 모든 사물은 별개로 존재하거나 독립적으로 존재하는 것이 아니고, 상호 의존적인 관계로 존재한다. "이것이 있을 때 저것이 있고, 이것이 없을 때 저것이 없다(因此有彼無此無彼). 이것이 생길 때 저것이 생기고, 이것이 멸할 때 저것이 멸한다(此生彼生此滅彼滅)." 모든 개체생명은 서로 유기적으로 관계되어 있고 의존되어 있다. 모든 존재는 하나의 그물망(Network)으로 그리고 하나의 운명공동체로 존재한다. 생명은 대상화할 수 없다. 대상화하는 순간, 생명은 더 이상 생명이 될 수 없다. 주객主客을 둘로 나누어 보는 대상적 사유로는 생명세계의 실상을 이해할 수 없다.

안병무는 예수에게 붙여진 메시아적 칭호들, 특히 '사람의 아들(Son of Man)' 칭호에서 메시아에 대한 집단적 해석의 실마리를 찾는다. 다니엘서 7장 13절에 등장하는 하늘에 구름을 타고 내려올 묵시 종말적 메시아 표상인 '사람의 아들 같은 이(*ki bar Jahweh*)'는 '지극히 높으신 분의 거룩한 백성'을 지칭한다고 볼 수 있다.(7:27) 다니엘서에서 '사람의 아들' 메시아 표상은 야훼 백성에 대한 '집단적(Corporative)' 표상이다. 안병무는 이 점에 착안하여 예수의 집단적 해석을 시도한다.

앞서 안병무는 예수를 한 개인(Individual)으로 보지 않고, '예수민중Jeus-Minjung'이라는 하나의 집단적 표상으로 읽었음을 밝혔다. '예수 사건(Jesus-Event)'이라는 개념 또한 개인적 표상이 아니라 집단적인 표상에 해당한다. '사건(event)'은 홀로 일으킬 수 없다. 사건 자체가 '홀로'가 아닌 '집단적' 이미지를 담고 있기 때문이다. 안병무가 강조하는 '우리' 개념이나 '주객 이분법 극복'은 예수의 집단적 해석과 서로 연관성이 있음을 알 수 있다. 집단적 해석에서 예수와 민중은 '따로'의 존재하는 것이 아니라, 상의상관적相依相關的으로 존재함을 알 수 있다.

상도常道와 상놈(常者)

안병무는 도 가운데 가장 기본이 되는 도를 상도常道라고 한다. 사람 가운데 가장 근본이 되는 사람을 일컬어 상놈(常者)이라고 한다. 그는 상도常道와 상놈(常者) 사이에 밀접한 연관성이 있음을 말한다. 양반의 상반개념인 상놈(常者)은 오늘의 언어로 표현하면 무엇을 지칭하는가? 씨알민중이다. 상놈(常者)이 가는 길을 무어라고 하나? 상도常道라고 한다. 상놈의 알음알이를 무어라고 하나? 상식常識이라고 한다. 시공時空의 제약을 초월하여 보편성과 타당성을 지닌 지식을 일컬어 상식常識이라고 한다. 씨알민중이 가는 길이 상도常道라면, 씨알민중이 아는 일상적日常的인 지식이 다름 아닌 상식常識이다.

노자는 이미 앞서 살펴보았듯이, 도가도비상도道可道非常道를 말하였다. 상도常道는 현상으로 표현되기 이전의 도, 곧 도의 근원적이고 본질적인 세계를 일컫는다. 안병무의 '상도常道신학'은 씨알민중이 가는 길과 씨알민중이 몸담고 있는 일상성日常性의 세계야말로 곧 진리의 세계임을 일깨워준다.

길 위의 존재(Unterwegs-Sein)

안병무는 상아탑에 안주한 강단 신학자라기보다는 시대의 요구에 응답하는 삶을 살았던 치열한 신학사상가요 실천가라고 말할 수 있다. 그의 신학사상은 한곳에 머물러 있기를 거부하였다. 마치 수영선수가 물을 차고 끊임없이 앞을 향하여 나아가듯, 안병무의 삶과 신학사상은 한곳에 안주하거나 머물지 않고 끊임없이 앞을 향하여 나아갔다. 신앙공동체적 삶에서 실존주의에게로, 실존주의에서 역사에게로, 역사에서 민중에게로, 민중에서 생명에게로, 생명에서 자연에게로 나아갔다. 물론 그의 신학에서 전자와 후자는 단절되는 것이 아니다. 후자는 전자와 연속성을 지니면서 동시에 그것을 포월包越한다. 안병무는 하나의 완결된 신학체계를 세우려 하지 않았다. 그의 신학은 항상 열려져 있으며, 하나의 과정(Process)과 길의 성격을 지닌다. 안병무의 신학은 한마디로 한곳에 안주하기를 거부하는 '길 위의 신학' 또는 노자老子의 언어로 표현하면 일을 성취하면 그 자리에 머물지 않는 '공성이불거功成而弗居의 신학'이라고 말할 수 있지 않을까?

제 9 장

안병무의 동양신학

사고의 차이

우리는 일반적으로 동양적 사고는 일원론적이고 서양적 사고는 이원론적이라고 생각하기 쉽다. 그런데 동양과 서양의 사고 패턴을 무차별적으로 일원론과 이원론으로 구분하는 것은 온당하지 않다. 일원론과 이원론은 모두 통합과 분별, 동일성과 다양성의 원리로서 동서고금을 막론하고 인간의 필연적 사유 조건으로 쓰여 왔기 때문이다. 동서양의 사고 패턴을 결정짓는 결정적인 변수는 이원론과 일원론이라기보다는, 오히려 실체적 사고實體的 思考를 하느냐 아니면 관계적 사고關係的 思考를 하느냐의 차이에서 찾아야 할 것이다.

서양철학의 주류에서는 현상적인 개체 사물의 존재 근거를 시공과 자연을 초월한 고정 불변한 실체(Substance)에서 찾고자 하였다. 그러나 동양철학은 현상적 개체 사물을 독립적 실체로 보지 않고 시공 안에 존재하는 다른 사물과의 '상호의존성'의 시각에서 관계적으로 파악하였다. 곧 개체 사물을 다른 사물과의 관련된 유기적인 통일성을 전제로 한 개별적 독립체로 보았던 것이다. 그럼에도 불구하고 현상적인 개체 사물이 다양성을 지니는 한, 인간의 사유는 이원론적 분별을 필요로 하지 않을 수 없을 것이다. 문제의 핵심은 이원론적 사고 틀을 유지하면서도, 이원론적 틀에 매이지 않고, 그 틀을 넘어서 사물을 관계적이고 통체적인 지평에서 볼 수 있느냐 하는 점이다.

안병무 신학에서 나타나는 중요한 특징 중의 하나는 사물을 관계적이고 통체적인 지평에서 보는 것이다. 그는 동양정신의 관계적 사고의 틀에서 근대 과학기술문명을 주도해 온 서양의 이분법적 사고 틀을 초월한다. 이분법적 사고는 실체론적 사고와 밀접하게 연결되어 있는데, 그 바닥에는 철저한 분리와 차별 의식이 자리 잡고 있다. 실체로서의 신/인간, 자연/역사, 마음/몸, 개인/사회 사이에는 상호 소통이 불가능한 본질적인 차별이 존재하기 때문에, 서로 만날 수 없고 영원히 평행선을 달릴 뿐이다. 안병무는 실체론적이고 이분법적인 차별성을 지양하면서 신과 인간, 인간과 자기 자신, 인간과 인간, 자연과 역사 사이의 관계성에 주목한다. 그는 관계적 사고에 기초한 '제3의 사유 틀'을 모색하고 있다.

서양이 사물을 분석적으로 파악하는 데 주안점을 둔다면, 동양은 종합적으로 파악하는 데 주안점을 둔다. 서양이 사물의 차이점을 찾는 데 주력한다면, 동양은 사물의 공통점을 찾는 데 주력한다. 서양이 개체 사물들 사이의 단절성을 강조한다면, 동양은 그 연속성을 강조한다. 따라서 서양에서는 이성理性 작용에 주로 의존하는 학문(Wissenschaft)과 지식의 전통이 발달하였고, 동양에서는 감성感性 작용에 주로 의존하는 깨달음과 지혜(Weisheit) 전통이 발달하였다.

이와 같은 동서양에 있어서 사유 틀의 차이를 안병무는 하이데거의 실존철학에 의거하여 설명한다. 종합적이고 전체적인 사고를 하는 동양적 관계의 사고 틀에서는 '이렇게 존재해야 한다'는 명령이 포함된 '실존적인 결단(Existenzielle Entscheidung)'이 중요하게 취급되고, 분석적이고 부분적인 사고를 하는 서양적 사고의 틀에서는 '이렇게 존재한다'는 것을 밝히는 '실존론적 규명(Exitentiale Erklaerung)'이 초점이 된다는 것이다.

불이신학不二神學

불교의 대승경전 중에 유마경維摩經이 있다. 이 경전은 승만경勝鬘經과 더불어 재가불교운동의 대표 경전에 속한다. 유마힐은 기원전 6세기 사람이지만, 이 경전은 기원후 1세기경에 쓰인 것으로 보인다. 석가모니 붓다의 재가신도在家信徒 유마힐은 본래 바이샬리에 거주하는 대상인大商人이었다.

어느 날 유마보살이 병들어 누워 있다는 소식을 접한 석가모니 붓다께서 문병 차 제자들을 보낸다.

제자들 중 대표 격인 문수보살이 유마보살에게 병이 든 이유를 묻는다.

"어찌하여 병이 들었습니까?"

"보살은 본래 병이 없었으나, 중생이 병이 들어서, 나도 병을 앓고 있는 것입니다."

제자들이 또 묻는다.

"그러면 어찌해야 병이 나을 수 있습니까?"

유마보살이 대답한다.

"중생의 병이 나으면 내 병도 스스로 나을 것입니다."

보살과 중생衆生이 둘이 아니라 한 몸이라는 동체대비同體大悲 사상에 근거한 보살행菩薩行을 유마경은 강조한다.

석가모니 붓다의 제자들이 또 묻는다.

"당신의 가족이 누구입니까?"

유마보살이 대답한다.

"지혜를 어머니로 하고 방편을 아버지로 합니다."

지혜와 방편의 균형과 조화를 통해서 깨달음에 이르게 된다는 것이다.제자들은 또 보살이 깨달음에 이르는 불이不二의 경지가 어떤 것인지 묻자, 유마보살은 '침묵'으로 대응한다. 깨달음의 세계는 인간의 언어 너머에 있는 것임을 보여준 것이다.

유마경은 사물을 개체로 분리해서 보지 않는다. 보살과 중생은 '따로' 존재하는 것이 아니라 '유기적 한 몸'으로 존재한다. 보살과 중생은 '둘이 아니다(不二)'. 중생을 떠나 보살이 있을 수 없고, 보살을 떠나 중생 또한 있을 수 없다. 이런 불이사상不二思想 배후에는 모든 중생은 불성을 지니고 있다는 일체중생실유불성一切衆生悉有佛性 사상이 전제되어 있다. 이러한 사상은 모든 인간은 '하느님의 모습imago dei'에 따라 지음을 받았다는 히브리 성서의 창조사상과 서로 통한다.

안병무도 예수와 민중의 관계를 이와 같이 불이법문적인 시각에서 이해한다. 하느님을 모르면 인간을 모르고, 인간을 모르면 하느님을 모른다. 이러한 불트만의 명제命題에 따르면, 인간은 신 앞에 있는 실존이고, 신은 인간과 관계하는 한에서만 신적 존재로 파악된다. 신과 인간은 상의상관相依相關된 존재이다. 이러한 불트만의 명제에 의거하여 안병무는 예수와 민중의 관계적 존재성에 대해 말한다. 씨알민중을 모르면 예수를 모르고, 예수를 모르면 씨알민중을 모른다고 안병무는 말한다. 예수가 있는 곳에 민중이 있고, 민중이 있는 곳에 예수가 있다는 것이다. 예수와 민중은 하나가 아니지만, 그렇다고 해서 둘로 나누어 생각할 수도 없다. 예수와 씨알민중은 불일불이不一不二의 관계 속에 있다. 우리가 예수와 씨알민중을 말할 때, 이분법적 주객도식이나 대상적 사고에 매어서는 결코 바르게 이해할 수 없다는 것이다.

예수와 씨알민중의 불일불이적不一不二的 관계를 안병무는 요한복음에서 찾는다. 요한복음 1장 29절에 보면 요한 세례자가 자기에게 오는 예수를 향하여 '세상 죄를 지고 가는 하느님의 어린양을 보라!'고 한다. 이 구절의 해석을 둘러싸고 안병무는 독일의 저명한 신학자 몰트만(J. Moltmann)과 신학적 논쟁을 벌인 적이 있다. 안병무는 세상 죄를 지고 가는 하느님의 어린양은 다름 아닌 씨알민중이라고 해석했다. 오늘날 사회의 구조악에 의해서 희생당하고 있는 씨알민중에게서 안병무는 요한이 보았던 '세상 죄를 지고 가는 하느님의 어린양'을 보았던 것이다. 세상 죄를 지고 간다는 의미에서 민중의 고난은 예수의 그것과 함께 메시아적 기능을 갖는다는 것이다.

이러한 해석에 대해 몰트만은 이의를 제기했다. 하느님의 어린 양은 예수이지 결코 민중일 수 없다는 것이었다. 민중 역시 예수 그리스도를 통하여 구원받아야 할 존재가 아닌가? 그렇다면 민중과 예수를 어떻게 일치시킬 수 있는가? 예수와 민중이 동일하다면 민중은 누가 구원하는가? 예수와 민중은 주체와 객체로 분리되어야 예수에 의한 민중의 구원이 가능하다고 보는 몰트만의 사상은, 서구 기독교의 주객 이원론을 대변한다. 허나, 안병무는 그의 전통적인 사상을 반박한다. 민중의 구원은 민중 스스로 이루어가는 것이지, 외부에서 주어지는 것이 아니라는 것이다.

구원의 주체는 예수일 뿐이며, 민중은 어디까지나 그 대상이지 구원의 주체가 될 수 없다는 몰트만의 주장에 반박하여, 안병무는 오늘날 한국사회에서 구조적 모순에 의해 고통을 당하고 있는 집단이 누구인가? 씨알민중이 아닌가? 왜 민중을 세상 죄를 지고 가는 하느님의 어린양으로 볼 수 없는가? 1970년 11월 13일, 청계천 피복노동자 전태일은 동료 노동자들의 억울함을 호소하다가 자기 자신의 목숨을 산 제물로 바쳤다. 씨알민중이 자기 자신의 고난을 전체 민중의 고난으로 깨닫고, 이를 극복하기 위하여 행동으로 옮길 때, 씨알민중은 자기를 초월한다. 이러한 씨알민중의 자기초월 사건을 통해서 민중은 스스로를 구원한다는 것이 안병무의 생각이었던 것 같다.

안병무는 예수의 십자가 처형 사건에서 민중이 당하는 고난의 극치를 본다. 예수의 십자가 처형 사건은 한 개인의 비극적인 사건에 그치는 것이 아니라, 그 시대 갈릴리 씨알민중이 당한 집단적인 고난의 표상이라는 것이다. 안병무는 예수에게 붙여진 '사람의 아들The Son of Man' 칭호에 대해서도 집단적으로 해석하여 민중의 메시아적 기능에 대해서 말한다. 그의 민중 메시아론은 예수와 민중사건을 하나의 집단적 사건으로 파악하고 있음을 알려준다. 예수와 민중을 불이적不二的 운명공동체 관계로 보는 안병무의 민중 메시아사상은 존재론적 차원에서보다는 사회연대적 차원에서 강조되고 있음을 볼 수 있다.

신神 없이 신神 앞에

안병무는 서양인이 추구하는 신과 동양인이 추구하는 신관神觀의 차이를 김은국이 쓴 소설 『순교자殉教者』에서 찾는다. 이 소설의 무대는 6·25 전쟁 당시 평양이다. 줄거리를 요약해보자.

1950년 10월, 평양에서 공산당이 14명의 목사를 체포했다. 그 중 12명은 총살당하고 2명은 석방되었다. 남한군의 정보기관으로부터 진상을 정확히 파악하라는 임무를 받은 이 대위는 평양에 남아 이 총살당한 12명에 대한 진상을 캐기로 한다. 남한의 정보기관은 이 사실을 빌미로 공산군의 잔인성을 세계에 폭로하는 선전 자료로 삼을 심산에서였다. 순교당한 12명의 목사들의 스토리를 서구인들에게 알려 경각심을 불러일으키고, 한국인들에게 반공의식을 고취시키기 위한 소재로 삼으려고 했던 것이다.
이 대위는 12명의 목사가 처형될 때 현장에 있었던 2명의 살아남은 목사를 먼저 찾기로 한다. 그중에 한 사람이 이 소설이 주인공인 신 목사이다. 어떻게 해서 이 두 사람만이 교수형에서 살아남을 수 있었을까? 그들은 살아남기 위해서 나머지 순교를 당한 12명의 동료들을 배신했는가? 아니면 그들은 공산당과 비밀리에 내통을 했던 것인가? 이러한 의구심을 떨쳐버리지 못한 채, 이 대위는 신 목사를 찾아가 그 당시 상황에 대해 묻는다. 이 대위의 질문에 신 목사는 단호하게 대답하기를 거부한다. 당시에 자기는 그들과 함께 처형 현장에 있지 않았기 때문에 증인이 될 수 없다는 것이었다. 그런데 얼마 후 평양의 어느 교회에서 신 목사를 초청하여 부흥집회를 연다. 신 목사는 설교단에서 12명의 목사들이 신앙을 지키기 위해서 투쟁을 하다가 순교를 당하는 장면을 자기가 두 눈으로 똑

똑히 보았다고 증언한다. 그런데 자기만은 비겁해서 신앙을 지키지 못하고, 공산군들에게 타협하여 살아남게 되었다고 고백한다. 설교가 끝나자, 동료 목사들과 그를 평소에 존경하던 신도들이 일제히 신 목사를 배신자로 매도하기 시작하였다. 며칠 후 12명의 순교자를 위한 추도예배가 열렸다. 그 자리에서 신 목사는 그들의 죽음 앞에서 우리들의 회개가 얼마나 중요하며 순교자들의 거룩한 죽음이야말로 우리들의 시들어가는 신앙에 새로운 활기를 불어넣어 준다고 역설하였다. 이런 식으로 신 목사는 스스로 회개한 가룟 유다가 되었던 것이다. 6·25전쟁의 참화로 인하여 그 어느 곳에서도 희망을 갖지 못하고 절망 속에 빠져 있던 평양의 그리스도인들에게 신 목사는 어려운 현실 속에서도 희망을 잃지 않고 살아갈 수 있도록 신앙의 불을 지피고 다녔던 것이다.

그런데 뜻밖에도 평양에 잔존해 있던 인민군이 많이 체포되었다. 그런데 그중에 신 목사를 취조했던 인민군 소령이 끼어 있었다. 또 하나의 증인이 나타난 셈이다. 이 대위는 그를 찾아간다. 그런데 신 목사 일행을 직접 취조했던 인민군 소령은 진술 과정에서 신 목사와 전혀 다른 말을 하는 게 아닌가!

12명의 처형당한 목사들은 죽음 앞에서 비겁하고 졸렬했을 뿐만 아니라 기독교를 비난하고 심지어 살아남기 위해서 그들이 믿고 있던 하느님에게 욕설을 퍼붓고 저주했다는 것이다. 그러나 이와 달리 신 목사는 고문하는 자기 얼굴에 침을 뱉으며 저항했다는 것이다. 죽음 앞에서 신앙의 정절을 끝까지 지킨 사람은 처형당한 12명의 목사들이 아니라 오직 신 목사 한 사람이었다는 것이다. 이와 같은 신념에 찬 신 목사의 행동에 인민군 소령은 감동을 받았고, 그를 감옥에 들여보냈다가 후에 석방조치를 했다는 것이다. 인민군 소령의 진술을 듣고, 이 대위는 충격에 휩싸이게 된다. 일면 신 목사를 존경하는 마음이 생기게 되고, 다른 한편으로 사실과 전혀 다른 거짓말을 하면서까지 신도들에게 신앙적인 희망을 주려고 했던 신 목사에게 분노를 느끼기도 한다.

이 대위는 신 목사와 여러 차례 대화를 시도한다. 그러던 중 신 목사는 마침내 입을 연다. "사람에게 희망을 주고 사람을 살리는 것이 소위 진실을 말하는 것보다 중요할 때가 있습니다. 그래서 나는 광대놀음을 하기로 작정한 것입니다." 12명의 목사들이 처형당하는 현장에는 신 목사 외에 또 다른 젊은 목사 한 사람이 있었다. 젊은 목사는 자기가 죽은 다음 천국에 갈 수 있게 될지 고민된다고 했다. 신 목사는 그 젊은 목사를 보고 고민을 풀어주려고 자기는 죽은 다음에 가는 천국을 믿지 않는다고 말한다. 그 말을 듣고 이 젊은 목사는 정신적인 충격을 받아 정신이상자가 되었고, 그래서 그 젊은 목사 또한 신 목사와 함께 살아남을 수 있었다는 것이다. 이러한 사실을 숨기고 있던 신 목사는 평양 그리스도교인들 앞에서 침묵을 지키려고 했다. 그러나 절망 가운데 있는 그들에게 환상을 심어주고서라도 희망을 갖게 할 의무가 자기에게 있다고 신 목사는 생각했다. 신 목사는 마음을 바꾸었다. "그들은 하느님에 대한 믿음이 필요합니다. 그것만이 그들이 이 전쟁의 참화에서 살아남을 수 있는 유일한 희망 줄입니다." 그래서 신 목사는 광대놀음을 하기로 작정했다는 것이다. 신 목사의 말을 듣자 이 대위는 어느 정도 이해할 수 있을 것 같았다.

중공군이 6·25전쟁에 참여하여 평양까지 밀고 들어오게 되었다. 남한군은 철수할 수밖에 없는 상황에 놓이게 되었다. 이 대위는 신 목사에게 서울로 남하할 것을 거듭 촉구한다. 그러나 신 목사는 이를 거부한다. 그는 다른 그리스도교인들과 함께 평양에 남게 된다. 그 후 38선이 그어지고, 휴전이 되었다. 중공군을 피해 남쪽으로 피난을 나왔던 그리스도교인들 사이에서 신 목사에 대한 풍문이 단편적으로 들려왔다. 그는 공산당원에 의해 처형당했으나 계속 이곳저곳에 나타나곤 한다는 소문이었다.

이 소설의 영문판을 읽은 서구 그리스도교인들은 신 목사를 '신 없는 성자聖者'라고 불렀다. 그가 신에게 그 어떤 응답을 듣지 못했음에도 불구하고, 인간을 위해서 자기를 희생했다는 이유에서이다. 모든 사람에게 이같이 덧없는 고통을 허용하는 하느님은 과연 존재한다고 볼 수 있는가? 전쟁의 참화 속에서 까닭 없이 고난을 당하는 민중을 보면서, 과연 신이 존재한다면 저런 일이 벌어질 수 있는가? 이러한 신 목사의 절규에서 안병무는 신을 하나의 이론적 체계 내에서 파악하려는 서구 유신론有神論의 한 단면을 본다. 안병무는 유신론과 무신론無神論을 같은 동전의 양면으로 본다. '이러니까 하느님은 존재한다'는 유신론의 주장은, '저러니까 하느님은 존재하지 않는다'는 무신론의 주장과 다를 바가 없다. 모두 다 하느님을 인과적 체계 내에 가두어놓고 있다. 동양적 사고의 지평에서는 이러한 양자택일적 신 이해는 생소하다는 것이다.

서구 그리스도교는 신을 존재자存在者 또는 하나의 실체(Substance)로 이해하고자 했다. 그러므로 그들은 신을 객관화하고 대상화했고, 신 앞에서 분명한 해답을 찾으려고 하였다. 신 목사는 전쟁의 비참한 현실을 목격하면서 이러한 유신론적인 '신 없음'을 체험하게 된다. 신 없음의 현실 속에서도 신 목사는 신을 향한 기도를 중단하지 않는다. 그는 신의 있음(有神論)에도 머물지 않고, 신의 없음(無神論)에도 머물지 않으면서, 신이 침묵하는 현실 한복판에서 신을 향해 기도한다. 신 목사는 유신론과 무신론을 넘어서 전쟁의 참화라는 민중의 고난 한 가운데서 '신의 현존現存'을 체험했기 때문이라는 것이다.

안병무는 여기에서 그의 시선을 십자가에 처형당한 예수에게로 돌린다. 왜 예수는 재판과 수난의 과정에서 시종일관 침묵을 지켰는가? 십자가 위에서 '나의 하느님, 나의 하느님, 어찌하여 나를 버리시나이까?'라고 외치며 죽어가는 예수의 모습에서 과연 유신론적 하느님의 표상을 찾을 수 있는가? 십자가 처형 사건은 인간의 이성과 언어를 초월하여 신의 부재 속에서 신을 만나는 사건이다.

안병무는 마가복음이 전하는 예수의 부활 증언에서도 언어로 개념화할 수 없는 언어도단의 현실을 발견한다. 마가는 부활을 설명하거나 부활자의 현현顯現을 말하지 않고, 단지 '빈 무덤'만을 소개하는데 그친다.(막16:8) '빈 무덤'을 발견한 여인들은, 그 앞에서 오직 놀랄 뿐이다. 안병무는 막달라 마리아가 발견한 '빈 무덤'에 주목한다.

부활의 진정한 힘은 빔(空)에서 나온다는 것이다. 부활의 거점은 빔이다. 이와 달리 서구신학은 있음을 중시하는 신학이다. 그들은 로고스와 말을 중요시한다. 따라서 서구신학은 부활사건도 실체화하여 이해하려고 한다. 그리하여 육의 부활을 주장한다. 부활사건을 언어로 체계화한다.

그러나 안병무는 부활사건을 인간의 언로가 끝난 자리에서 만나게 되는 언어도단言語道斷의 사건이요 동시에 궁극지사窮極之辭의 사건으로 이해한다. 부활사건은 실체화하여 언어로 담을 수 없는 '빔 사건(空事件)'이고 '존재의 침묵' 사건이라는 것이다. 이러한 안병무의 해석은 동양사상의 지평에서 예수부활 사건을 해석할 수 있는 단서를 제공한다.

예수는 하느님 나라에 관해 설교를 하면서도, 막상 하느님 나라가 무엇인지, 그 내용에 대해서는 별로 언급한 바가 없다. 그는 하느님 나라에 대해 개념화하여 설명하지 아니 하였다. 하느님 나라는 인간의 언어로 규정할 수 없는 현실이라는 인식 때문이었을 것이다. 만일 우리가 하느님 나라에 대해 '이러이러하다'라고 설명한다면, 그것은 더 이상 본래 있는 그대로의 하느님 나라는 아닐 것이다. 하느님 나라가, 하느님 나라가 아님을 깨닫게 될 때, 그 자리에서 우리는 하느님 나라의 실상을 보게 될 것이다.

예수는 단지 하느님 나라가 단지 가난한 사람들에 속해 있음을 선언했을 뿐이다. 세리나 죄인들과 함께 식사하는 자리에서 체험되고, 귀신이 쫓겨나고 병자가 회복되는 데서 하느님 나라가 체험될 뿐임을 예수는 말한다. 예수에게 하느님 나라는 인식의 대상이 아니라 체험의 대상이었던 것이다.

지금까지 서구신학의 예수 연구에 있어서 로고스 측면이 지나치게 강조되었다. 그렇기 때문에 언어를 초월하는 존재의 침묵 측면을 잃어버리게 되었다. 성서의 진리는 양면성兩面性을 지닌다. 말할 수 있는 것과 말할 수 없는 것, 존재의 측면과 존재의 침묵 측면이 그것이다. 예를 들면 성육신 사건이 하느님의 존재를 드러내고 있다면(요 1:14), 십자가 사건은 하느님의 존재 침묵 사건이다.(빌2:7) 역사의 예수운동에서는 존재의 측면과 아울러 존재의 침묵 측면이 공존한다. 예수는 '나를 따르려거든 자기를 부정하고 제 십자가를 지라'고 했다. 예수를 따르는데 있어서는 자기 부정이 선행되어야 한다. 십자가를 진다는 것은 언어의 차원을 넘어선 구체적인 실천의 차원이다. 십자가와 부활은 자아를 실현함으로써가 아니라 자아부정을 통해서, 채움이 아니라 비움을 통해서, 존재가 아니라 존재의 침묵을 통해서 하느님의 존재를 체험한다.

인간의 본연성

요한복음에는 맹인이 된 사람을 둘러싸고 예수와 제자들이 논쟁하는 장면이 나온다.

예수께서 길을 가다가 태어나면서부터 맹인이 된 사람을 만났다. 제자들이 예수에게 물었다.

"이 사람이 맹인으로 태어난 것이 누구의 죄입니까? 이 사람의 죄입니까? 부모의 죄입니까?"

그러자 예수가 대답한다.

"그 사람 자신의 탓도 아니고 그의 부모 탓도 아니다. 단지 그에게서 하느님의 놀라운 일을 드러내려는 것이다."

제자들의 질문 배후에는 이 사람이 맹인으로 태어난 것은 누구의 죄 값이라는 인과응보론이 전제되어 있다. 안병무는 세 가지 사항을 지적한다. 첫째, 제자들의 질문은 교리적敎理的이라는 점이다. 그들은 인간의 행복과 불행은 자기 자신에게 그 원인이 있다고 생각한다. 그 사람이 맹인이 된 것은 자기가 지은 죄 또는 그의 부모가 지은 죄에 대한 일종의 응보라는 생각이다. 둘째, 인간이 살면서 당하는 크고 작은 불행은 그가 지은 죄에 대한 하느님의 형벌이라는 생각을 제자들은 대변한다. 질병이 하느님의 형벌이라는 사상은 후기 유대교 사회에서 일반화된 사상이다. 셋째, 제자들의 질문 배후에는, 불행한 사람을 만났을 때, '나는 너와 다르다'는 차별과 분리 의식이 도사리고 있다는 것이다. 제자들의 질문은 그들 자신과 맹인 사이의 관계를 완전히 차단한다.

안병무는 맹자가 말하는 인간의 본연성의 지평에서 맹인 이야기를 풀어간다. 어떤 사람이 공자에게 가서 물었다. "어린아이가 우물에 빠졌다는 소식을 들으면 군자는 어떻게 행동해야 합니까?" 공자가 대답했다. "군자는 우물 가까이 갈 수는 있지만, 그 안에 들어갈 수는 없다." 지금 구원의 손길이 필요한 사람을 보고 가기는 가는데, 구체적으로 행동으로 옮겨서는 안 된다는 것이다. 군자로서 지켜야 할 체면을 중요시하기 때문이리라.

그러나 맹자의 경우는 이와 다르다. 그는 인간의 본연성으로 측은지심(惻隱之心)을 손꼽는다. 한 어린아이가 우물에 빠지는 것을 본다면, 누구를 막론하고 뛰어가 어린이를 건지려는 충동이 생긴다. 그것은 그 아이 부모로부터 칭찬을 받겠다거나, 아니면 방치했을 경우 다른 사람들로부터 손가락질을 받을 것이 두려워서가 아니다. 측은지심惻隱之心에서 우러나온 인간 본연의 자연스러운 마음이라는 것이다. 공자가 말하는 인간의 인仁에 앞서, 측은지심은 사변과 반성 작용이 발동하기 이전 무의식에서 나오는 인간 본연의 행위이다. 이러한 인간의 무의식의 발로인 본연성本然性에 충실할 때, 천하는 바로 다스려지게 된다는 것이 맹자의 사단칠정론四端七情論이다.

맹자가 말하는 인간의 본연성은 노자의 무위자연 사상과 서로 통한다. 노자는 『도덕경』 제18장에서 '대도폐유인의大道廢有仁義, 혜지출유대위慧智出有大僞, 육친불화유효자六親不和有孝慈, 국가혼란유충신國家混亂有忠臣'을 말한다. 사랑(仁)과 바름(義)을 강조하는 것은 인간이 자연의 도를 버렸기 때문이며, 큰 속임수가 있게 된 것은 인간의 지혜가 나타나면서부터이다. 효孝와 자비(慈)를 강조하는 것은 가족이 서로 화합하지 못하기 때문이며, 나라가 혼란하게 되면 충신이 나타나게 되어 있다. 무위자연의 도가 실종되자 인위문명이 등장하며, 인간세계의 혼란과 아픔은 인간의 욕심 중심으로 자연을 변화시키는 데서 유래한다는 것이다.

노자가 말하는 무위자연은 이중적 의미를 지니고 있다. 한편으로는 인간 개체의 독단적인 행위를 거부하는 부정적인 의미를 지니고 있고, 다른 한편으로는 개체 사물이 하나로 융합될 수 있음을 나타내는 긍정적인 의미를 담고 있다. 곧 무위자연 사상은 자연 질서에 거스르는 인간의 고립된 행위를 부정함과 아울러 자연 질서에 순응하는 인간행위의 창출創出을 말한다. 인간이 '따로' 행동하지 않고, 항상 자연 질서에 합치되는 방식으로 행동하는 것, 이것을 노자는 '함이 없는 함(無爲之爲)'이라고 표현한다. 무위는 아무것도 하지 않는 것이 아니다. 그것은 인위人爲가 배제된 자연의 순리에 따른 행위, 곧 본연성에 위배되지 않는 행위를 가리킨다. 노자의 지평에서 볼 때, 유교가 지향하는 인간세계의 최고 덕목인 인의仁義는 인간이 본연성을 상실했기 때문에 등장한 것이다.

안병무도 인의仁義를 인간의 본연성本然性의 상실에서 유래한 관념의 산물임을 말한다. 관념의 산물인 인의仁義는 사람을 인간 본연의 성품으로부터 멀어지게 한다는 것이다. 인의仁義가 인간의 본연성을 해친다면, 그것은 마땅히 폐기처분되어야 할 것으로 안병무는 본다. 인간의 본연성 회복을 사회나 국가질서보다 중시한다는 점에서 안병무의 사상은 일종의 아나키즘Anarchism적인 성향을 띤다고 볼 수 있다. 아나키즘은 그 어떤 인간이나 구조에 의한 강제나 억압을 거부하고 인간의 본연성에 근거한 바람직한 사회를 지향하는 저항과 자유 정신이다. 맹자가 측은지심을 내세운 것이나, 노자가 인의仁義를 거부한 것이나, 불교에서 말하는 무아無我사상은, 안병무에 따르면 결국 관념화된 세계로부터 인간 본연성의 해방을 겨냥하고 있다.

제자들의 질문에 대한 예수의 반응은 어떠한가? 이 사람이 맹인이 된 것은 당사자나 그의 부모가 지은 죄의 대가가 아니라고 한다.(요 9:3) 예수는 너와 나의 관계를 가로막는 관념화된 사회의 지배 이데올로기를 제거한다. 그 사람의 현재 상태를 감정이나 고정관념을 개입시키지 않고 '있는 그대로' 여실如實하게 보도록 한다. 제자들의 질문, 곧 도대체 누구의 죄 탓에 이 사람이 맹인이 되었는가? 이것은 과거에 발을 딛고 현재를 평가하는 방법이다. 관념화는 다른 것이 아니다. 과거 업業의 지평에서 현재를 이해하는 것이다.

불교는 힌두교의 토대가 되는 브라만교의 윤회교설輪廻教說을 격파하는 과정에서 태어났다. 브라만교는 근본에 있어서 숙명론에 기초하고 있다. 전생前生의 카르마가 '영혼의 윤회'를 통해 현세의 삶을 직접적으로 규정한다고 본다. 이러한 '영혼의 윤회설'은 가난한 사람들이나 신분이 낮은 사람들의 비참한 상태를 전생前生의 업業으로 돌림으로써 합리화시켜 주고 민중의 저항의지를 마비시키는 지배 이데올로기의 성격을 띤다. 현세의 비참함을 전생前生에 지은 업業으로 돌리면, 지배자들은 사회적 불평등이나 불의에 대한 책임을 지지 않아도 될 것이다.

석가모니 붓다는 이러한 사회적 불평등을 합리화하는 힌두교의 '영혼의 윤회'사상을 거부했다. 영혼은 없다(無我). 영혼이 없으니 윤회도 없다. 따라서 전생도 없고, 전생의 카르마(업)도 없다. 있는 것은 이 세계 안에서 일어나고 스러지는 인연의 연쇄고리뿐이다. 인과관계가 전생前生도 내세來世도 아닌 현세現世의 일이라면, 인간의 고통을 푸는 열쇠 또한 어디까지나 이 세상 안에서 찾아야 할 것이다. 인간이 겪는 고통에는 원인이 있기 마련이다. 고통은 주로 집착과 욕심에서 온다. 집착과 욕심을 놓아버릴 수 있다면, 인간은 고통의 삶에서 벗어날 수 있게 될 것이다. 집착을 내려놓고 해탈에 이르는 방법은 무엇인가? 팔정도八正道와 육바라밀六波羅蜜을 실천하는 것이다. 그것은 인간의 보편적 평등과 해방을 지향하는 보시布施와 자비의 실천을 통해서 증득된다. 이러한 석가모니 붓다의 연기사상緣起思想은 인간의 사회적 책임을 강조한다는 점에서 '이웃을 네 몸처럼 사랑하라'는 예수의 계명에 상응한다.(막12:31/마22:39/눅10:27)

그러면 예수는 그 사람이 맹인이 된 것은 어느 시각에서 보는가? '다만 하느님의 하시는 일이 그에게서 나타나기 위한 것이다'라고 한다. '하느님의 하시는 일(*Ta Erga Tou Theou*)'은 무엇인가? '지금 여기' 예수운동 가운데서 일어나고 있는 사건, 곧 귀신이 내쫓기고 병자가 고침을 받는 현실을 말한다. 그 사람이 맹인된 것은 과거의 문제가 아니다. 전생의 문제가 아니다. 그 사람이 맹인된 것은 '지금-여기'에서의 문제이다. 예수는 현재를 과거의 업業의 지평이 아니라, 지금 여기에서 체험되는 하느님의 일 지평에서 이해한다.

이러한 개방된 시각이 예수로 하여금 당시 종교세계에서 소외된 민중을 차별 없이 받아들이게 했던 것이다. 예수는 민중을 받아들일 때 그 어떤 조건(과거)을 제시하거나 종교적 교리를 강요하지 않았다. 아무 조건 없이 받아들였다. 예수는 민중을 과거(죄)의 시각에서가 아니라, 지금 여기의 시각에서 보았던 것이다. 필연성과 인위성이 아니라, 가능성과 본연성의 시각에서 보았던 것이다.

몸 신학(Mom Theology)

안병무는 서구의 이원론을 극복하기 위해 하나의 방편으로 바울의 '소마*Soma*' 개념에 주목한다. 소마는 인간의 어느 부분이 아니라, 유기적 통체로의 전인全人을 표현하는 개념이다. 사람은 소마를 가진 게 아니라, 사람이 곧 소마이다. 소마는 살*Sarks*도 아니고 피*Ahima*도 아니다. 영*Pneuma*도 아니고, 육*Sarks*도 아니다. 그렇다고 해서 그런 것들을 제외한 다른 어느 것도 아니다. 소마는 영이나 육으로 분해될 수 없고, 다만 유기적 통체統體로서 존재한다. 소마는 삶 자체이다. 삶이 전체이듯이, 소마 또한 전체로 존재한다. 소마는 구체적이다. 소마는 구체성을 띠기 때문에, 시공時空의 제약을 받는다. 소마는 역사적 존재이면서 동시에 역사를 초월한다.

바울은 그리스도 사건을 소마 사건으로 파악하고, 그리스도 사건에 소마로 참여하기를 강조한다. 그의 신앙은 곧 소마의 신앙이며, 그의 편지는 곧 바울의 소마 자신이다. 바울은 소마로 하느님께 영광을 돌리라고 한다.(고전6:20) 바울은 내 소마를 쳐서 복종시킨다고 한다.(고전9:27) 이런 구절들은 바울이 소마를 닦는 수행자로서의 자기 자신을 소개하는 표현이다. 바울은 소마의 부활을 말하는가 하면(고전15:42), 소마로 드리는 제사가 우리가 드릴 진정한 예배라고 가르친다.(롬12:1) 바울이 소마을 강조함으로써, 우리에게 말하고자 하는 바는 무엇인가? 인간은 부분으로 존재할 수 없고, 언제나 유기적 통체로 존재한다는 것이다. 인간의 삶과 구원도 유기적 통체이다.

바울의 소마는 우리말의 '몸'에 해당한다. 이러한 바울의 소마a 개념은 서구인들보다 오히려 동양인들에게 더 친숙하게 느껴진다고 안병무는 생각한다. 서구인들은 오로지 이성을 통해서 사물을 파악하는 전통이 강하다. 이러한 서구적 이성은 수학과 논리학을 발달시켰고, 이성에 근거한 과학적 합리성이 휴머니즘에 근거한 서구 근대사회를 형성하는 데 있어서 중요한 역할을 했다. 서구인은 이성으로 명상하고, 이성으로 기도하며, 합리적 이성으로 이해 가능할 때 복종한다.

그러나 동양에서는 몸으로 명상하고, 몸으로 기도하며, 몸으로 복종한다. 동양인은 '몸으로' 사물을 파악하는 직관直觀 전통이 강하다. 인도에서 출발한 요가나 중국의 선불교禪佛敎는 이성적 사유에서의 해탈을 지향한다. 이성적 사유와 언어가 멈춘 그 자리에서 진리의 세계와 깨달음의 세계가 펼쳐진다고 가르친다. 동양에서는 깨달음에 이르는 길로써 몸의 수행修行을 강조한다. 요가, 명상, 선수행 등이 대표적이다. 동양적 세계관에 의하면 우주는 대아大我이다. 반면 인간의 몸은 소아小我이다. 동양에서는 우주의 축소판으로 인간의 몸이 이해되고 있다. 인간의 몸을 통해서 하늘과 땅이 만나고 음과 양이 만난다.

그러면 대상적 사유를 어떻게 극복할 수 있는가? 그것은 주체와 객체를 하나로 융합하는 체험적 사유방식, 곧 물아일체物我一體의 상태 또는 주객일체主客一體의 자기체험을 통해서 가능하다. 주체와 대상이 하나 되는 몸의 체험을 통해서 우리는 대상적 사유를 극복할 수 있다. 주체와 객체가 하나 되어, 보는 것 없이 보고 듣는 것 없이 들을 때, 대상적 사유는 극복된다.

안병무는 이원론적 삶을 극복할 수 있는 장소로서 '몸'을 제시했다. 몸은 전체이지 부분이 아니다. 몸에서 주체와 객체는 따로 존재할 수 없고 하나로 체험된다. 따라서 우리는 몸을 객체화할 수 없다. 몸은 그 무엇도 대상화하지 않는다. 몸은 소유(Having)가 아니라 존재(Being)이다. 나는 내 몸을 가지고 있는 것이 아니라, 내가 곧 내 몸이다(I have not my body, but I am my body). 몸은 동시에 사회 및 자연과 소통할 수 있는 창구窓口이기도 하다. 몸은 인간이 세계와 만나는 장소요, 동시에 하느님과 만나는 장소이기도 하다. 인간은 몸을 통해서 사회 및 자연과 관계를 맺게 된다. 인간은 개념에 앞서는 지각의 장소인 몸을 매개로 세계와 소통한다.(메를로-퐁티) 이 몸은 인간 존재의 참모습이자, 우주만물의 실상을 가리킨다. 주객 이분법과 대상적 사유가 해소되는 유일한 장소는 다름 아닌 몸인 것이다. 주객일체의 몸은, 몸 없는 몸이다. 안병무는 신학에 있어서의 몸의 회복을 강조한다. 씨알민중사건에 참여함으로써, 우리는 몸을 회복할 수 있다. 주객을 초월하여 씨알민중과 한 몸을 이루게 된다.

안병무는 오늘의 기독교의 문제를 다른 데서 보지 않는다. 바로 이러한 유기적 통체統體로의 몸의 전통을 잃어버리고, 몸 수행을 소홀히 한 데서 찾는다. 인간의 몸을 구성하고 있는 지체肢體들인 머리, 팔, 다리가 유기적 통일성 없이 제각기 따로 논다는 데 문제가 있다. 현대 기독교에 시급한 것은 몸의 회복이다. 몸의 힘을 기르며, 몸으로 참여하는 것이다. 안병무가 '몸(*Soma*)'으로 강조하고자 하는 것은 다른 것이 아니다. 몸이야말로 한편으로 인간이 우주와 소통 (Communication)하는 유일한 창구이며, 세계를 대상화하지 않고 나와 한 몸으로 보도록 한다. 우리는 몸으로 씨알민중과 하나가 되고 우주와 하나가 된다. 안병무의 '몸 신학(Mom Theology)'은 씨알민중의 역사적 책임과 세계를 유기적 통체統體로 보도록 한다.

삼위일체 신의 해체

사물을 인식하는 데 있어서 서구적 사유방식의 근본적인 문제는 무엇인가? 안병무는 모든 존재를 '페르소나*Persona*'화하는 데 있다고 본다. 소위 '인격화'하는 데서 찾는다. 그것은 모든 존재를 형상화하는 것이다. 서구신학은 하느님도 형상화하여 이른바 인격신人格神 사상을 발전시켰다. 기독교 교리의 핵심은 무엇인가? 삼위일체(Trinity) 교리이다.

삼위일체 교리는 무엇인가? 하느님을 셋(아버지, 아들, 성령)으로 나누어 인격화한 후, 이 셋이 한 몸(體)을 이루고 있음을 말하고 있는 것이다. 사실 이러한 신관神觀은 예수의 하느님 사상과 정면으로 위배된다. 예수는 한 분 하느님을 신앙하고 있지 아니했나? 그 한 분 하느님을 예수는 아버지 또는 아빠로 불렀다. 그런데 초기교회는 예수의 한 분 하느님을 예수까지 신으로 떠받드는 삼위일체 하느님으로 바꾸어버렸던 것이다. 예수는 하느님에 대한 그 어떤 형상화도 거부했다. 예수는 철저한 형상 파괴자였다. 그런데 삼위일체 교리에서 예수는 하나의 형상으로 되었다. 원래 하느님에 대한 일체의 형상화를 거부했던 예수가 그를 신앙하는 무리에 의해서 '제2의 하느님'이라는 형상을 얻게 된 것이다.

모든 존재는 성주괴공成住壞空, 생주이멸生住異滅, 생로병사生老病死의 과정(Process) 속에 있다. 모든 존재는 변화의 과정이다. 그런데 존재를 형상화해 보라. 개념화해 보라. 존재는 그 형상 또는 그 개념이라는 고정된 틀에 갇히게 된다. 형상화된 존재 또는 개념화된 존재는 더 이상 변화 과정인 존재 자체에서 멀리 떠나게 된다. 만약 '이것이 하느님이다'라고 규정해보라. 본래 형상화할 수 없는 하느님은 '이것'이라는 형상에 갇히게 된다. 기독교는 삼위일체 하느님을 믿는다고 말한다. 그렇게 하면 하느님은 삼위일체라는 고정된 틀에 갇히게 되고 말 것이다. 삼위일체라는 교설敎說로 형상화된 하느님은, 노자가 말하는 항상 그러한 도(常道)로서의 본연의 하느님과는 멀리 떨어져 있다. 『도덕경』 제1장은 도道나 명名에 대해 일체의 규정지음(相化)을 거부한다. 도를 규정짓는 순간, '항상 그러한 도'의 모습은 잃게 된다는 것이다. 우리가 사용하는 언어란 무엇인가? 사회적 약속이다. 따라서 언어는 사회적 제약을 받지 않을 수 없다. 인간의 사유체계는 언어의 산물이다. 인간의 사유는 따라서 언어에 의해서 제약된다. 따라서 모든 사물은 언어로 표현되는 순간 언어의 틀에 갇히게 되고, 그 순간 본연의 모습을 잃게 된다. 노자는 이 점을 경계하고 있다.

안병무는 민중의 개념화를 거부했다. 민중을 개념화할 경우, 살아서 역동적인 민중의 본래 모습은 사라지게 되고, 다만 추상적이고 박제剝製된 민중만이 남게 된다고 한다. 왜 안병무는 민중의 개념화(相化)를 경계했는가? 민중이 개념화되었을 때 나타나는 해독성을 보았기 때문이리라. 안병무는 민중을 살아 있는 생명체로 이해한다. 생명체를 어떻게 규정할 수 있겠는가? 만약 우리가 민중을 개념화하거나 그것에 대해 일정한 정의定義를 내린다면, 그 순간 민중은 박제되거나 죽은 것이 되고 말 것이다. 인간의 관념의 산물인 민중이라는 상相을 떠나 민중을 바라볼 때 우리는 민중 본연의 모습을 만나게 된다는 것이다. 민중은 개념 속에서가 아니라 역사현장 속에서 실상이 체험되어져야 하며, 하느님 역시 신학 작업 속에서 만날 수 있는 분이 아니라 우리의 삶과 역사 속에서 체험되어져야 한다는 것이다.

프뉴마*Pneuma*와 기氣

성서에서 프뉴마*Pneuma*는 두 가지 형태로 나타난다. 인격적인 영과 초인격적인 영의 모습이 그것이다. 인격으로 표현될 때 영은 '하느님의 영'이라거나 또는 '그리스도의 영'으로 나타난다. 특히 요한복음에서는 '그리스도의 현존現存'을 표현할 때 성령이라는 개념을 사용하는 경우가 많다.

신약성서의 프뉴마*Pneuma*는 히브리 성서의 루아흐*Ruach*, 네페쉬 *Nepesh*에 상응相應한다. 이러한 성서적 개념들은 본래 바람, 생명, 목숨, 에너지라는 뜻을 지니고 있다. 이와 유사한 개념으로 동양사상에서 흔히 나타나는 기氣를 떠올릴 수 있다. 기氣의 특징은 인간의 오감으로 감지되지 않는다는 데서 나타난다. 특정한 형태나 모양을 지니고 있지 않기 때문이다. 우리가 기氣의 실체는 보거나 감지할 수 없지만, 기氣의 작용만은 감지할 수 있다. 바람은 불고 싶은 대로 분다. 우리는 그 소리를 듣는다. 허나, 그것이 어디서 와서 어디로 가는지 알 수 없다. 성령도 이와 같다고 했다.(요3:8)

요한복음에는 예수께서 사마리아 여인과 대화하는 장면이 나온다.(요4:20-24) 사마리아 여인은 그의 조상들은 이 산(그리심산)에서 예배를 드렸는데, 유대인들은 예배 처소가 예루살렘에 있다 한다고 말한다. 예수께서 그 여인에게 답변한다. 이 산도 아니고 예루살렘도 아닌 곳에서 예배드릴 때가 올 것인데, 지금이 곧 '영과 진리'로 예배드릴 때라고 한다. 하느님은 영이시기 때문이라는 것이다. 하느님은 영이시기 때문에 한 예배처소에 매일 수 없고 편재遍在하신다.

노장사상에서 강조되고 있는 기氣 사상은 유교의 체제지향적인 인위적인 문화에 대한 저항적 성격을 띤다. 모든 것이 있기 이전의 기, 곧 형상화되기 이전의 기氣에 대한 노장철학의 성찰은 인위적인 제도화로 인하여 생명의 흐름이 질식당하는 일체의 억압에 대한 저항적 성격을 지닌다 할 수 있다.

이와 유사한 맥락에서 안병무는 '태초에 기氣가 있었다'고 말한다. 개념 이전의 세계, 모든 존재물의 존재를 가능하게 하는 터전이 기氣

라는 것이다. 안병무는 기氣를 우주적이고 존재론적 차원에 한정시키
지 않는다. 민중의 사회역사적인 차원으로 확장시켜 이해한다. 모든
생명세계의 바탕에 기氣가 자리하고 있듯이, 사회역사의 기층基層에
는 민중이 있다. 기氣는 항상 흘러야 한다. 모든 생명체에서 기氣가
막히면 병들게 되고 죽게 된다. 기氣가 스스로 흐르면서 모든 생명을
살리듯이, 민중도 마찬가지다. 민중이 살아야 사회 전체가 산다. 안병
무는 무위자연無爲自然에서 민중의 원초적인 모습을 찾는다. 자연이
스스로 그러하듯이, 안병무에게 있어서도 민중은 '스스로 그러함'이
다. 민중은 명사가 아니라 서술형용사이다. 흘러야 할 민중의 기氣를
막고 억누르고 있는 것은 무엇인가? 현실 정치권력이다. 권력은 바로
이 민중의 기氣를 꺾어놓는 역할을 한다. 민중의 기氣를 살리는 길은
무엇인가? 민중의 기氣를 꺾어놓는 권력 자체에 항거하는 것이다. 특
히 권력의 집중화를 방지해야 한다. 안병무는 종국에 신학과 아나키
즘Anarchism의 제휴를 촉구하기도 한다.

안병무는 민중 스스로 지니고 있는 자기초월의 능력에 주목한다.
그의 민중 메시아론 배경에도 이와 같은 민중의 '스스로 그러함'에
대한 철저한 신뢰가 깔려 있다. 전태일은 스스로 자기 몸을 불태우면
서 노동자들의 비참한 현실을 고발했다. 자기 고통의 문제를 자기 개
인에게 한정시키지 않고 노동자 전체의 문제로 승화시킨 데에서 그
것은 구원의 성격을 지닌다. 예수는 민중의 한 사람으로 살고 죽었다.
민중은 민중사건 속에서 스스로를 구원한다. 안병무는 여기에서 한걸
음 더 나아가, 민중이 비민중非民衆을 구원하는 메시아적 위치에 있
음을 말한다.

안병무의 스스로 구원을 이루어가는 민중 이해는 함석헌의 씨알사

상과 상통한다. 함석헌은 씨알의 본질을 '스스로 그러함'에서 찾는다. 그는 생명과 생명의 기본적인 관계를 다윈의 적자생존適者生存, 약육강식 논리에서 찾지 않는다. 상생相生과 공존共存에 근거한 평화와 조화로움에서 찾는다. 씨알의 '스스로 그러함'은 경쟁이 아니라 협조와 조화를 지향한다. 상호 협동과 조화로움을 통해서 새로운 생명을 잉태하는 것이 씨알이 지니고 있는 '스스로 그러함(自然)'의 질서이다. 씨알을 씨알 그대로 놓아두면 평화가 저절로 오게 되어 있다. 안병무는 민중의 스스로 그러한 평화의 길을 방해하는 정치권력에 항거해야 한다고 본다.

페미니즘과 민중신학

노자는 곡신불사谷神不死를 말한다.(『도덕경』 제6장) 여기에서 골짜기(谷)가 무엇을 뜻하는지는 불분명하다. 골짜기는 '텅 빔'을 나타낸다. 그것은 도道를 상징할 수도 있고, 생명을 잉태하고 생산하는 여성의 성기性器를 상징할 수도 있다. 아마도 노자는 '골짜기 신(谷神)'이라는 표상을 통해서 도道의 여성적 이미지를 나타내려고 한 것 같다. 봉우리가 남성의 성기를 상징한다면, 골짜기는 여성의 그것을 상징한다. 남성의 이미지는 무엇을 연상시키는가? 능동, 발산, 공격, 강함, 딱딱함, 빠름, 돌출을 나타낸다. 반면에 여성의 이미지는 수동, 수렴, 수용, 약함, 부드러움, 느림, 우묵하게 패임을 나타낸다.

봉우리가 양陽이라면 골짜기는 음陰이다. 노자는 자기의 자태를 뽐내는 봉우리보다, 자기를 감추는 골짜기를 생명의 자궁으로 본 것 같다. 봉우리 사이에 있는 골짜기의 특성은 무엇인가? '텅 빔(虛空)'이다. 텅 빔(Emptiness)은 아무 것도 없는 무無와는 다르다. 그것은 모든 존재의 가능성이며, 존재를 존재되게 하는 존재의 잠세태(Potentiality)이다. 노자는 골짜기의 신(谷神)을 천지의 뿌리(天地根)라고 했다. 그것은 있는 듯 없는 듯 존재한다(綿綿若存). 골짜기의 신은 아무리 써도 다하는 법이 없다(用之不勤). 봉우리가 존재하기 위해서는, 그 사이에 골짜기가 있기 때문이다. 자기 모습을 드러내는 봉우리보다 자태를 숨기는 골짜기가 더 본원적이다. 골짜기의 신은 씨알민초民草의 속성을 잘 드러낸다. 곡신불사谷神不死이다. 씨알민중은 결코 죽지 않는다. 씨알민초民草는 존재의 가능성이며, 모든 존재로 하여금 자기 자신이 되게 하는 존재의 잠재력이다. 안병무는 씨알민중의 자리를 노자의 '골짜기의 신'에서 찾는다. 안병무의 전기 사상이 씨알민중을 사회역사적 지평에서 남성적 이미지로 표현하고 있다면, 그의 후기 사상에서는 자연생태적 지평에서 여성적 이미지로 씨알민중을 나타내고 있다.

환생한 예수로 살기

안병무는 그가 본 환상을 글로 옮겨 놓은 적이 있다.

"고대 말, 어느 유럽의 도성에 절대군주가 살았다. 그는 왕이 된 자기를 신격화하면서 이를 기념하기 위해서 축제를 벌였다. 그런데 무명의 젊은이가 왕권에 반기를 들고 잠입했다는 정보를 입수한 왕은 그를 체포하자 십자가에 매달았다. 왕의 절대권력과 승리를 위한 대행진이 진행될 무렵, 젊은이의 시체를 메고 왕의 행진에 거슬러 올라가는 무리가 있었다. 그러자 그 시체는 왕의 학정에 죽어 간 수많은 사람들의 시체로 변했다. 왕의 행진을 따르던 군중들은 생각했다. 저 시체가 바로 잃었던 내가 아닌가? 진정한 신은 우리 의 고난과 패배를 짊어진 이 젊은이가 아닌가! 그러자 승리의 대열 에 참여했던 군중은 하나둘씩 죽음의 대열에 가담하기 시작하였다. 그 수는 점점 늘어나 끝없는 행렬로 이어갔다.”

이 이야기는 권력자의 손에 의해서 십자가에 처형된 예수가 어떻 게 민중사건 가운데서 집단적으로 환생하고 있는가를 드라마틱하게 보여준다.

윤회와 환생 이야기는 동서양을 막론하고 고대세계에 두루 나타나 고 있는 종교현상 중 하나이다. 힌두교와 불교를 비롯한 아시아의 이 법종교理法宗敎들에서는 윤회와 환생신앙이 나타난다. 힌두교에서는 육도윤회六道輪廻 사상을 말한다. 인간은 죽고 나기를 계속하며 여섯 가지 다른 세계(지옥, 아귀, 축생, 인간, 아수라, 천상계)를 오가며 윤 회한다는 것이다. 이러한 윤회사상은 인도사회의 불평등한 카스트제 도를 합리화시키는 지배이데올로기 역할을 했다. 현생에서 미천한 신 분으로 태어나 고생하는 것은, 전생에 지은 카르마의 결과이니, 현실 을 개혁하려 하거나 불만 갖지 말고 살라는 것이다. 허나, 석가모니 붓다는 일체중생실유불성一切衆生悉有佛性을 설파했다. 빈부귀천을 막론하고 모든 중생이 붓다가 될 수 있는 품성을 지니고 있다는 것이 다. 안병무의 표현을 빌리면 ‘너는 가능성이다’라는 것이다. 출생신분 이 그 사람의 존재를 규정하는 것이 아니라, 지금-여기에서 어떻게 행동하고 살아가느냐가 그 사람됨을 결정한다는 것이다. 불교는 윤회 를 말하되 윤회를 넘어서는 해탈을 말한다.

이와 성격은 달리 하지만, 안병무는 성서에서 여러 가지 환생 모티브를 발견한다. 그에 따르면 신약성서의 환생 모티브는 부활사건이나 성령강림사건과 접목되면서 다양한 형태를 띠고 나타난다. 마가복음에 나오는 헤롯의 말에 주목한다.(막6:14-16) 헤롯이 예수에 관해 떠도는 소문을 들었다. 죽은 세례 요한, 엘리아, 옛 예언자가 예수를 통해서 환생했다는 소문이 그것이다. 당시 민중은 세례자 요한을 어떻게 생각했나? 환생한 엘리아로 믿었다. 실은 예수 자신도 민중을 향하여 '요한, 바로 그 사람이 오기로 되어 있는 엘리아이다'라고 하였다.(마11:14) 요한 세례자는 엘리아의 환생이다. 이러한 예수의 환생 설교는, 갈릴리 민중으로 하여금 예수가 요한 세례자의 환생이라는 믿음을 갖도록 하는 동기가 되었을 것이다. 엘리아, 요한 세례자, 예수로 이어지는 일련의 환생 계보학還生系譜學에서 볼 수 있듯이, 복음서의 환생 이야기에는 당대 민중의 강렬한 염원이 담겨 있음을 볼 수 있다.

환생 모티브와 연관성 속에서 안병무가 특히 주목하는 것은 빈 무덤설화이다.(막16:6-7) 마가의 빈 무덤 네러티브Narrative에서 안병무는 3가지 모티브를 발견한다. 그중 하나가 죽었던 예수가 환생했다는 점이다. 그의 환생은 몸의 소생蘇生이라는 것이다. 동시에, 환생한 예수는 제자들을 갈릴리에서 만나자고 한다. 죽음에서 환생한 예수를 만나 변화된 제자들은 그들 자신이 제2, 제3의 예수라는 신념을 가지고 복음을 전파했다는 것이다. 복음서들이 이구동성으로 보도하고 있는 예수의 부활 이야기는 환생 이야기의 또 다른 형태임을 알 수 있다.

환생 모티브는 바울에게서도 나타난다. '엔 크리스토(*En Christo*)'

라는 개념이 그것이다. "그러므로 누구든지 그리스도 안에 있으면 새로운 피조물이라. 이전 것은 지나갔으니, 보라, 새 것이 되었도다."(고후5:17) '그리스도 안(*En Christo*)'에 있을 때, 나는 '새로운 피조물(*kaine ktisis*)'로 된다는 것이다. '옛 나'에서 '새로운 나'로 환생한다는 것이다. '새로운 피조물'이 된다는 것은 다른 것이 아니다. 예수의 생명이 그리스도인의 몸을 통하여 환생함을 뜻한다.(고후4:11) 바울은 또한 그리스도의 남은 고난을 내 육체에 채운다는 표현을 쓰기도 한다.(골1:24) 이것은 고난을 매개로 그리스도가 나를 통해 환생한다는 의미이다. 안병무는 '생명의 순환'으로서의 환생 모티브를 특별히 세례의식에서 찾는다.(롬6장) 세례의식은 무엇을 뜻하는가? '예수와 함께 죽고 예수와 함께 사는' 것이다. 시간과 공간을 초월하여 예수의 생명이 오늘 우리에게서 환생하는 것, 그것이 곧 세례 사건이다. 예수의 생명이 내 안에서 환생함으로써 예수의 삶이 내 안에서 가능하게 된다. "나는 그리스도와 함께 십자가에 달렸습니다. 이제 사는 것은 내가 아닙니다. 그리스도께서 내 안에 사시는 것입니다."(갈2:20) 환생을 통해서 예수와 나는 둘이 아닌 불이적不二的 관계로 존재한다.

안병무는 요한복음에서도 환생 모티브를 찾아낸다. 니고데모와의 대화에서 예수는 '사람이 거듭나지 않으면 하느님 나라를 볼 수 없다'고 잘라 말한다.(요3:3) 이에 대하여 니고데모는 사람이 다시 모태에 들어갔다 나올 수 있는가 반문한다. 이 선문답禪門答같은 대화의 배경에는 고대 근동지방에서 존재했던 것으로 보이는 환생 신앙이 깔려 있는 것으로 보인다. 요한복음에서 예수는 생명의 떡이요, 생명의 물이며, 생명나무이다. 예수는 생명의 담지자이다. 예수를 믿는다는 것은 그를 생명을 주는 분으로서 믿는 것이요, 예수는 제자들 안에서 보혜사(*Parakletos*) 성령으로 환생하는 것을 뜻한다. 성령은 예수 그리스도의 현존양태現存樣態이다.(요14:16)

안병무는 환생을 생명의 연속성 차원에서 이해하여 개체생명의 존 엄성을 강조하는가 하면(막8:36/눅15:4-7), 개체생명은 전체생명과 연 결되어 있을 때 참생명의 가치를 지니고 있다고 말하기도 한다.(막 8:35) 안병무는 예수 사건이 역사적인 사건이었음에도 불구하고, 시 간과 공간을 초월하여 오늘의 사건으로서 환생하는 것은 전체생명의 순환과 소통구조에서 가능하게 된다고 보는 듯하다. '지금-여기'에서 예수 사건의 환생이야말로, 오늘을 살아가는 그리스도인들에게 제2, 제3의 예수로서의 삶을 살아가도록 한다. 안병무는 이러한 예수의 환 생구조로서의 민중사건을 '화산맥火山脈'으로 표현하기도 하였다. 2000년 전 팔레스타인에서 있었던 예수민중사건은 오늘의 민중사건 속에서 끊임없이 환생한다.

이상에서 살펴본 바와 같이 안병무의 환생 모티브는 성서의 해석 학적 지평을 동양사상과 접목시키고 있다는 점에서 큰 의의가 있다. 그의 환생사상은 동일한 영혼이 몸을 바꾸어 다시 태어난다는 힌두 교적 윤회에 초점을 두지 않고, 성서에 나타나는 부활, 거듭남, 성령 강림 등 다채로운 신학의 개념들과 접목시키면서 씨알민중을 통한 생명의 연속성이라는 통전적統全的 지평에서 이해되고 있다.

무주무상無住無常의 신학

안병무의 말년은 주로 자연과 소통하는 삶을 살았다. 그는 존재가 가지고 있는 침묵의 차원에 대해서 깊이 명상했다. 비트겐슈타인 Wittgenstein은 '말할 수 있는 것은 명료하게 말하고 말할 수 없는 것에 대해서는 침묵을 해야 한다'고 했다. 존재를 이해하는 데 있어서 언어로 표현 가능한 것과 불가능한 것을 분명히 함으로써 비트겐슈타인은 언어가 가지고 있는 한계를 밝혔다.

안병무는 언어의 한계를 분명히 인식하고 있으면서, 언어로 표현할 수 없는 세계를 언어로 표현하는 작업을 평생 해 왔다. 허나, 그는 언어에 매이지 않았다. 그에게 언어나 지식은 진리의 세계로 건너가기 위한 일종의 뗏목이나 나룻배에 불과했다.

신학은 단순히 진리에 도달하기 위해 지식을 쌓아가는 이론작업이 아니다. 서구신학이 추구해왔던 것처럼, 지식을 축적하는 학문작업을 통해서는 단지 진리에 관해 알 수 있을 뿐이지 결코 진리 자체에 도달할 수 없다는 확신을 안병무는 가졌던 것 같다.

그에게 신학은 이론이 아니었다. 신학은 고단한 실천이었고, 그에게는 수행적 삶 자체였다. 하느님에 관한 많은 지식을 쌓는다고 해서 하느님을 알았다고 할 수 없다. 우리는 실천적 삶을 통해서 단지 하느님을 체험할 수 있을 뿐이다. 하느님은 체험과 실천의 대상이지 결코 인식의 대상은 아니다. 인식지認識智가 체험지體驗智를 통해서 우리는 진리의 세계에게로 나아갈 수 있다.

물의 분자구조를 분석만 해서는 물에 대해서 다 알았다고 할 수 없다. 물을 맛보고, 직접 마셔보아야 한다. 그래야 물에 대해서 바로 알았다고 할 수 있을 것이다. 우리는 진리 안에 있을 때 진리에 대해 알 수 있다. 안병무가 항상 바울에 의거하여 '그리스도 안(*En Christo*)'에서의 삶을 강조했던 이유가 바로 여기에 있다.

안병무는 말년에 숲과 대화하는 시간을 많이 가졌다. 숲을 유지해 가고 있는 기본 원리는 무엇인가? 그것은 서로가 서로를 죽이고 빼앗는 경쟁의 원리보다 협동과 상생의 원리가 보다 더 지배적이라고 생각했다. 남성적이기보다는 여성적이며, 공격적이기보다는 수동적이다. 이익공동체(Gesellschaft)라기보다 운명공동체(Gemeinschaft)이다. 모든 생명체들은 서로 기대고 서로 품고 있다. 개체이면서 전체로, 전체이면서 개체로 존재한다.

노자는 인간의 조작된 행위가 근절된 스스로 그러함의 세계를 회복하는 무위자연無爲自然의 회복에서 인류의 희망을 보았다. 안병무는 지배자들의 인위적인 억압이 종식된 세계, 곧 씨알민중의 스스로 그러함이 회복될 때 진정한 구원이 가능함을 역설하고 있다. 씨알민중은 자연과 같다. 그냥 놓아두기만 하면 스스로 알아서 자기구원을 이루어가는 것이 민중의 속성이다.

21세기를 예견하면서 안병무는 '인간 중심적'이고 '로고스(말) 중심적'인 전통적인 서구 기독교 시대는 지나갔다는 확신을 가지게 되었다. 그런 면에서 그는 단호하게 '나는 더 이상 그리스도교인이 아니다'라고 선언하였다. 독일의 신학자 본회퍼가 감옥생활을 하면서 한 가지 깨달은 게 있다. 기독교는 '신 없이 신 앞에(ohne Gott, vor Gott)' 설 수 있어야 성숙한 세계에서 살아남을 수 있음을 예언했던 것이다. 안병무도 더 이상 그리스도교인이 아니라 씨알민중으로 살았다. 하느님 없이, 하느님 앞에서, 씨알민중과 더불어 살았던 것이다.

제10장
예수의 씨알 비유

저절로 자라나는 씨알

1세기 팔레스타인의 갈릴리에서 전개된 예수운동의 중심에는 하느님 나라(*Basileia Tou Theou*)가 서 있다. 예수가 펼친 하느님 나라 운동은 편의상 3가지로 구분할 수 있다. 그중의 하나가 하느님 나라에 대한 가르침이다. 예수는 자연의 현상을 빗대어 하느님 나라를 설명하곤 했는데, 특히 마가복음 4장 26-29절의 본문은 우리의 주목을 끈다.

> (26)그가 또 말씀하셨다. "하느님 나라는 이런 경우와 같습니다. 어떤 사람이 땅에 씨를 뿌리고, (27)밤에 자고 낮에 일어나는데, 씨에 싹이 돋아나서 자라나지만, 어떻게 그렇게 되는지 그 자신도 알지 못한다. (28)스스로 그러하게 땅이 열매를 내는데, 처음에는 줄기를 내고, 다음에는 이삭을 내고, 그 다음에는 이삭에 꽉 찬 낟알을 냅니다. (29)열매가 익으면 그 사람은 곧바로 낫을 대는데, 추수 때가 이르렀기 때문입니다."

'자라나는 씨'에 관한 비유는 다음으로 이어지는 '겨자씨 비유'(마가 4:30-32)와 한 쌍을 이루고 있는데, 마태와 누가는 단지 Q에서 유래된 것으로 보이는 겨자씨 비유만을 공통으로 전승하고 있다. 이로 미루어 볼 때 자라나는 씨의 비유는 본래 마가의 특수 자료 전승층에 속하고 있음을 알 수 있다. 이 본문의 언어와 문장 구조는 비교적 단순하다. 두 개의 서로 다른 주어가 서로 번갈아 교체되는데, 곧 농부(26-27절)-씨앗(27절)-농부(27절)-땅(28절)-농부(29절)가 교대로 등장한다. 곧 씨와 씨의 성장을 중심으로 농부와 땅의 역할이 상호 교체된다.66)

26절의 도입문은 '하느님 나라는 이런 경우와 같습니다'로 시작된다. 이 비유는 씨앗을 뿌리는 농부의 파종행위에서 시작하여 낫을 대는 농부의 추수 행위로 끝맺는다. 그리고 그 중간에는 씨앗의 자연적인 성장 과정(싹이 돋아 열매를 내는데, 줄기, 열매, 낟알을 낸다)과 이러한 성장과정을 파악하지 못하는 농부의 무지無知가 대조를 이루고 있다.

어떤 사람이 땅 위에 무작위적無作爲的으로 씨앗을 뿌린다. 사전에 밭을 갈거나 파종 후 물을 주고 돌보지도 않는다. 파종 후에 농부가 한 일이 있다면 단지 밤과 낮, 여러 날 동안 잠을 자고 일어난 것뿐이다. 씨앗을 위하여 아무 일도 하지 않았다.

씨앗은 농부의 보살핌 없이도 싹을 내고 성장한다. 그런데 농부 자신은 정작 어떻게 이런 일이 일어나는지 알지 못한다. 농부는 씨앗을 뿌리지만, 그 씨앗을 싹트게 하고 성장시키는 과정은 농부의 몫이 아니다. 그것은 땅의 일이며, 자연의 일이다. 씨앗이 움트고 성장하는 과정을 농부는 알지 못한다. 농부가 할 수 있는 일은 파종과 추수뿐이다.

그러면 어떻게 열매를 내는가? 씨앗(因)이 땅(緣)을 만나 싹(果)을 틔운다. 땅(자연)이 씨앗을 움트게 하고, 자라게 하고, 열매를 맺게 한다. 땅은 씨앗이 영양분을 섭취하여 성장할 수 있는 모든 여건을 제공한다. 처음에 땅은 씨앗에게 흙 속에 있는 무기질을 제공하여 싹을 틔우고 줄기를 낸다. 다음으로 줄기와 잎은 뿌리에서 빨아들인 영양분과 태양 에너지로 탄소동화작용을 하여 이삭을 패게 한다. 마지막 단계에서 땅은 이삭을 여물게 하고 그 속에 잘 익은 낟알이 가득 차게 한다.

어떤 방법으로 그리 하는가? 28절을 보면 '스스로 그러하게(*Automate*)'의 방법으로 한다. '아우토마테'의 주어는 땅(자연)이다. "스스로 그러하게 땅이 열매를 낸다." 땅(자연)이 스스로 그러한 방법으로 싹을 틔우고, 스스로 그러한 방법으로 줄기를 내고, 스스로 그러한 방법으로 이삭을 패게 하고, 스스로 그러한 방법으로 낟알을 맺게 한다. 본문에서 서술 형용사 '스스로 그러함'의 주어는 땅(자연)이다. 스스로 그러함의 자연질서 속에서는 인간(농부)의 인위성이 설 자리를 잃는다. 농부의 낱은 단지 파종과 추수에 국한된다. 씨앗이 싹을 틔워 낟알을 맺기까지의 성장과정은 전적으로 '스스로 그러함'을 근본원리로 하는 땅(자연)의 소관이다. 파종과 추수가 인간의 몫이라면, '스스로 그러함'의 성장과정은 땅의 몫이다. 하느님 나라는 바로 이와 같다는 것이다.

아우토마토스 무위자연無爲自然

이야기를 시작하면서 마가는 '하느님 나라는 이런 경우와 같다'고 했다. 전체적인 문맥의 흐름에서 볼 때, 하느님 나라를 단지 이삭에 낫을 대는 추수 때나 씨앗의 성장과정에 국한해서 해석할 이유가 없다고 본다. 농부가 씨를 뿌리고 땅(자연)이 싹을 틔우고 줄기를 내며 이삭이 패고 열매를 맺기까지, 곧 파종에서 추수에 이르는 '자연생명체의 전체 순환과정(die ganze Zirkulationsprozeß des natuerlichen Lebens)'이 하느님 나라에 비유되고 있음을 볼 수 있다.

자연 생명체의 순환과정은 '아우토마테'(28절)에서 그 특성이 드러난다. 그리스어 '아우토마테*Automate*'에 가장 적합한 번역은 '저절로,' 함석헌의 '스스로 함' 또는 이미 앞에서 사용해왔던 '스스로 그러함'이다. 이 개념은 노자의 '무위자연'에 가장 근접한다. 본문에서는 파종과 추수에서 나타나고 있는 농부의 인위적인 위爲와 씨앗의 성장과정에서 나타나고 있는 땅(자연)의 무위적無爲的 위爲, 곧 위무위爲無爲가 대조를 이루고 있다. 농부는 씨를 뿌린다. 그러나 그 씨앗이 어떻게 자라는가에 대해서는 아무 것도 알지 못한다. 땅(자연)의 스스로 그러함의 이치를 깨닫지 못한다. 싹이 움트고 줄기가 나오고 자라서 이삭을 내어 열매를 맺을 때까지 모든 성장과정은 전적으로 땅(자연)의 아우토마테, 곧 무위자연의 질서를 따른다.

공자의 사상이 인仁으로 요약되었다면, 노자의 사상은 도道에 집약되어 있다. 양자는 기원전 6세기 중국사회의 가장 혼란기에 해당하는 춘추전국 시대의 철인들이다. 공자가 인을 근거로 한 덕치를 통해서 사회기강을 바로잡으려고 했다면, 그와 달리 노자는 인위성이 폐기된 자연의 이치에 순응함으로써 이상사회를 건설할 수 있다고 생각했다.

노자가 말하고 있는 무위자연의 도는 무엇인가? 노자는 『도덕경』 전체의 총론에 해당하는 제1장에서 다음과 같이 도를 설명한다. "도를 도라 부르면, 그것은 늘 그러한 도가 아니며, 이름을 이름이라 부르면 그것은 늘 그러한 이름이 아니다……(道可道 非常道, 名可名 非常名……)” 도는 세계를 이해하는 노자철학의 중심 개념에 속한다. 만물을 가능케 같이 존재의 근원이지만, 그 자신은 그것은 인식을 초월한 실재를 가리켜 노자는 도라 불렀다. 만물은 생성과 변화가 도의 작용이지만, 그것은 인식을 초월해 있다는 점에서 그것은 인간은 도의 본체本體를 파악할 수 없다. 형이상학적인 도은 본체는 무無 성격을 지니고 있지만, 형이하학적인 도의 작용은 유有로 나타난다. 물론 노자가 말하는 무無는 아무 것도 없는 것과는 다르다. 그것은 아직 모습을 드러내지 않은 가능성에 해당한다. 도체道體가 무無이고, 도용道用이 유有이다. 도은 양면성兩面性이 노자에게는 무와 유로 표현된다.

‘도를 도라고 말한다’는 것은 무엇을 뜻하는가? 늘 변하는 무형의 형이 도의 속성인데, 그 도를 변하지 않는 인간의 생각 속에 고정시킨다는 뜻이다. 인간의 생각의 틀 속에 주입된 도(可道之道)는 본체로서의 ‘늘 그러한 도(常道)’와 동일할 수 없다. 상도常道는 물론 도의 불변성不變性을 말하는 것이 아니다. 동양사상에는 불변不變이라는 개념이 없다. 상도常道는 변화變化 속에서의 한결같음, 곧 지속성(久)을 뜻한다.

이 세상에 그 어떤 것도 본래적인 고유한 이름을 가진 것은 없다. 모든 이름은 인간에 의해서 인위적人爲的으로 붙여진 것이다. 따라서 이름과 사물의 실재와는 거리가 있게 마련이다. 언어와 문자 그리고 이름은 의사소통의 중요한 매체 역할을 한다. 허나 이러한 관념화는 변화를 속성으로 하는 우주만물의 실재를 고정주착固定住着시키는 한계를 지닌다. 인간의 언어와 이름, 곧 관념이 지니는 한계를 노자는 철저하게 인식하고 있음을 알 수 있다. 그것이 곧 ‘도가도 비상도道可

道 非常道'이다.

　그러면 어떻게 인간은 도(진리)를 터득할 수 있는가? 이 화두에 대한 답변으로 노자의 무위자연 사상이 나온다. 무위無爲는 인간의 작위作爲에 대비되는 노자철학의 핵심사상이다.『도덕경』 제2장에서 노자는 지도자(聖人)의 정치철학을 제시하는데, 지도자는 '무위지사無爲之事'하고 '불언지교不言之敎'해야 한다고 말한다. 무위無爲는 곧 무위無僞인데, 위僞는 곧 자연지도自然之道의 흐름에 거슬리는 인위적이고 작위적인 행위를 총칭한다. 무위無爲는 아무 것도 하지 않음이 아니라, 위선적이고 독선적인 행위 그리고 전체적 균형을 상실한 부분적인 행위를 하지 않음을 뜻한다. 무위지사는 사리사욕에 매이지 않은 공평무사公平無私한 행위를 일컫는다. 불언지교도 마찬가지다. 불언不言은 아무 말도 하지 않음이 아니다. 이것은 구두선口頭禪을 비판하는 말이다. 불언지교不言之敎는 말만 앞세우지 아니하고 행동이 수반되는 가르침을 일컫는다.

　러셀은 노자가 말하는 도道의 작용을 세 가지로 요약한다. '낳되 소유하지 않고(Production Without Possession)', '행동하되 자기를 주장하지 않으며(Action Without Self-Assertion)', '발전하되 지배하지 않는 것(Develope Without Domination)'이 그것이다. 러셀은 소유욕과 자기독선 그리고 억압적인 지배를 지금까지 서구사회가 추구해온 가치의 전형적인 패러다임이라고 말한다. 이러한 서구적 가치는 노자가 말하는 무위자연사상에 정면으로 배치되는 유위有爲사상과 맥을 같이함을 알 수 있다. 노자는 인간 본연의 모습을 이러한 유위有爲에서가 아니라 무위無爲에서 찾는다.

목적론을 넘어서

그러면 무위란 무엇인가? 노자는 제3장에서 '위무위즉무불치爲無爲則無不治'를 언급한다. 무위無爲에서 위爲란 곧 위僞 이외에 다른 것이 아닌데, 위僞는 목적과 대상을 가진 작위를 말한다. 무위는 아무 것도 안 하고 하는 일이 없다는 뜻이 아니고, 오히려 인공적이거나 자의적인 기교를 부리지 않는다는 뜻이다. 무위는 위僞가 사라진 순수 위爲인 것이다. 무위無爲를 위爲해야 하는 것이다. 그러할 때 다스려지지 않는 것(無不治)이 없게 된다. 노자의 무위는 함의 기피가 아니다. '어떻게 우리가 해야 하는가?'를 가르치는 적극적인 처세철학이다.

도덕경 제37장에서 노자는 '도상무위, 이무불위道常無爲而無不爲'를 말한다. 도는 항상 함이 없음으로, 하지 않음이 없다. 도는 항상 무엇을 억지로 하는 일이 없지만, 결국 이루지지 않는 것은 없다는 것이다. 무위無爲는 도의 작용 방법을 말한 것이고, 무불위無不爲는 도의 작용 효과를 말한 것이다. '저절로 살고, 저절로 자라는 것(自生自長)'이 무위자연의 도이다.

노자는 우주만물이 '……을 위하여 손재한다'는 소위 목적론적 사관을 전면 부정한다. 식물이 동물을 위하여 존재하는가? 동물이 인간을 위하여 존재하는가? 신이 인간을 위해서 존재하는가? 오늘날 생태계 파괴 문제는 어디에서 오는가? 이러한 목적론적 사관과 인간중심주의가 결합된 현대 기술과학 문명의 결과이다. 목적론적 가치를 개입시킬 때 인간은 자연을 대상화하게 되고, 자연을 인간을 위한 즉물적 도구로 전락시킨다. 우주생명은 무엇을 위해서 존재하는 것이 아니다. '스스로 그러하게(아우토마테)' 존재할 뿐이다. 자연세계는 목적론적 의미 시스템이 아니다. 무위자연 사상은 인간의 탐욕에 근거한 목적론적 사관을 전면 부정한다. 이러한 노자의 무위자연 사상은 물론 허무주의나 염세주의와 다르다. 온 우주생명의 지평에서 사물을 파악하려는 보다 긍정적이고 적극적인 삶의 지혜이다. 우주 생명은 '무엇을 위하여' 존재하는 것이 아니다. 그냥 스스로 그렇게 있을 뿐이다. 자연은 무엇을 위해서가 아니라, 스스로 그렇게 있음으로써 조물주의 영광을 드러낸다.

노자에게 있어서 자연은 개별적 다양성을 지닌 만물이 통일적 존재 근거를 이루는 도에 의거해서 그 무엇에도 기댐이 없이 '저절로 그러하게' 또는 '스스로 그러하게' 활동하는 역동적 과정 자체를 일컫는다. 자연은 우주만물의 생성과 분화과정을 존재 그 자체의 자기원인과 자기 근거에 의해서 이루어지는 역동적 과정이다. 모든 것은 고정적 실체로 존재하는 것이 아니라, 끊임없는 생성과 변화의 역동적 방식으로 존재한다. 저절로 그러하게 생성하고 변화하는 그 자체가 바로 무위자연이다.

모든 인위적인 조작을 거부하는 위무위爲無爲는 '먼저 그 나라와 의를 구하라'(마6:33)는 예수의 말씀과 상통하는 면이 있다. 하느님 나라(*Basileia Tou Theou*)와 그 의(*Dikaiosyne*)는 단순히 개인적-묵시적 종말 차원이나 사회역사적인 차원만을 갖는 것이 아니다. 그것은 우주 생태적 차원도 가진다. 우주생명 사이의 평화와 공존가치는 하느님 나라 윤리와 무관할 수 없다. 하느님 나라는 인간의 작위가 종식되고, 모든 생명이 스스로 그렇게 존재하는 세계이다.

예수는 하느님 나라의 희망을 '저절로(*Automate*)' 자라나는 씨알 생명의 비유에서 찾는다. 씨알이라는 생명의 인因이 땅이라는 연緣을 만날 때, 땅은 '저절로' 싹을 내고, '저절로' 줄기를 내고, '저절로' 이삭을 내고, '저절로' 열매를 낸다.

동양적 세계관에서 천지天地는 무엇인가? 땅이나 하늘이나 동양적 세계관에서는 기氣를 가리킨다. 기의 형체 있음이 땅이요, 형체 없음이 하늘이다. 형체 없음은 비존재가 아니다. 그것은 인간의 감각기관으로 파악 불가능한 존재의 또 다른 형태일 뿐이다. 형체가 없는 하늘은 불(火)이요, 신神이고, 혼魂이며, 양陽이다. 형체를 지닌 땅은 물(水)이요, 정精이고, 백魄이며, 음陰이다. 땅과 물은 생명의 질료質料이며, 하늘과 불은 생명의 에너지이다. 우주 생명은 하늘과 땅, 물과 불, 음과 양의 조화요 합성체이다. 땅(물)에 햇볕(불)이 쪼일 때 기화氣化가 일어나며, 기화와 더불어 비로소 생명활동이 시작된다. 생명은 고정된 실체가 아니다. 끝없는 유동과 변화의 과정(Process)이다. 땅에 뿌려진 씨앗이 싹이 트고, 줄기를 내고, 이삭을 패고, 열매를 맺는 과정도 '저절로 그러함'의 법칙에 따른다. 땅은 끊임없이 살아 움직인다. 땅은 미생물의 보고요, 생명의 집합체이다. 땅은 만물을 분해와 해체하며, 동시에 합성과 생성한다. 만물은 땅이 없이는 존재할 수 없다. 땅은 만물이 니오고(生) 돌아가는(歸) 자리이다. 땅은 생명의 모태이며 자궁이다. 땅의 모든 생명현상은 '저절로 그러함'의 법칙에 따라 움직인다.

'저절로 그러함'은 무위적 위無爲的爲를 일컫는데, 그것은 인위人爲가 종식된 세계를 뜻한다. 노자는 자연을 명사로 사용하지 않는다. '스스로 그러하다'는 상태의 서술이 자연이다. 사람은 땅을 본받고, 땅은 하늘을 본받고, 하늘은 도를 본받고, 도는 스스로 그러함을 본

받는다(人法地地法天天法道道法自然).(『도덕경』 제25장) 스스로 그러함이야말로 우주 생명의 법칙이요 질서이다. 스스로 그러하지 않은 것이 유위有爲요, 인위人爲이다. 스스로 그러한 세계는 인간의 인식을 초월하는 궁극지사窮極之辭의 세계이며, 동시에 언어를 초월하는 말인 무칭지언無稱之言의 세계이다. 자연은 곧 상도常道의 세계이다. 스스로 그렇게 존재하는 세계, 곧 무위자연이야말로 하느님 나라와 상관성을 갖는다.

let it be!

오늘날 인간세계의 불행은 인간이 스스로 그러함, 곧 자연을 상실한 데서 연유한다. 자연 그대로에 내어 맡기지 못하고, 인위적으로 조작하고 파헤치고 변경시킨 데서 모든 인류의 비극이 싹텄다. 그 근저에는 인간의 탐욕과 이기주의가 자리 잡고 있다.

21세기 인류 문제의 해결책은 어디에서 찾아야 하는가? 끊임없이 세계를 인위적으로 조작하고 변화시키는 데 있는가? 인간이 하늘과 땅을 조작하고, 식물과 동물을 조작하고, 심지어는 인간의 생명마저 조작하는 단계에 이르렀다. 농부는 씨를 뿌리고 열매를 거두는 것, 바로 그것이 자기의 소임이라는 것을 깨달았다. 인간의 한계성을 깨달은 것이다. 씨알의 생명이 어떻게 싹이 트고, 자라고, 줄기를 내어, 이삭을 패는가에 대해서는 알지 못하였다. 아니, 알려고 하지도 아니 하였다. 왜 그런가? 그것은 인간의 영역을 넘어서기 때문이다. 그것은 자연과 생명의 영역이요, 신의 영역이기 때문이다. 인간은 이성理性

을 도구화道具化함으로써 인간은 자기 한계성을 넘어서, 손을 대서는 안 될 자연과 생명의 본질 영역까지 자기 영역으로 만들어가고 있다. 인간이 신의 영역을 침범하고 있는 것이다. 그 결과는 무엇인가?

자연을 인위적으로 조작함으로써 과연 인간은 얼마나 더 행복해졌는가? 신자유주의와 시장경제의 세계화에서 보듯이 자본과 기술을 장악하고 있는 일부 특권층은 물질적으로 풍요를 누리고 있기는 하지만, 지구촌에서 계층, 국가, 민족 간의 빈부격차는 구조적으로 심화되고 있는 실정이다. 물질적 풍요와 소비문화는 필연적으로 생태계의 파괴와 정신문화의 피폐를 가져왔다.

땅을 정복하고, 모든 생물을 다스리라고 해서(창1:28), 과연 땅과 그 위에 있는 모든 생물은 인간을 '위해서' 존재하는가? 노자는 '천지불인天地不仁'을 말한다. 천지는 어질지 않다는 것이다. 천지는 인간을 위해서 존재하는 것이 아니고, 인간의 바람이나 목적에 부응하여 인자한 모습으로 기다려주지도 아니 한다. 서구의 목적론적 사상은 중세 토마스 아퀴나스의 목적론적 신학 체계에 근거한다. 노자는 인간 중심의 소위 '목적론적(Teleological)' 유위사관有爲史觀의 해체를 선언한다. 짐승이 풀을 먹는다고 해서 과연 식물은 동물을 '위해서' 존재한다고 보아야 하는가? 인간이 육식을 좋아한다고 해서, 과연 동물은 인간을 '위해서' 존재한다고 보아야 하는가? 자연은 인간을 '위해서' 존재하는가? 만물은 과연 신을 '위해서' 존재하는가?

20세기 서구 물질문명은 인간의 유위有爲에 근거하고 있다. 유위有爲에 근거한 서구문명이 과연 21세기 지구촌 생명을 살리는 데 대안이 될 수 있는가? 유위문화有爲文化가 인간 삶을 양적으로 편리하게 해줄 수는 있지만, 삶의 질이나 인간의 행복을 보장해 주지는 못한다.

오히려 부메랑이 되어 자연과 인간의 생명계를 파괴한다.

이제 유위有爲적인 삶을 단斷하고 무위無爲적인 삶으로 돌아가는 길밖에 없다. 유위를 끊고, 스스로 그러함의 세계를 회복하는 길밖에 없다. 스스로 그러함의 세계는 자연의 세계요 생명의 세계이다. 우리가 이러한 생명의 이치를 따라 조화와 공존에 기초한 무위자연문화無爲自然文化를 건설할 때, 인류의 미래에는 희망이 엿보일 것이다.

20세기 인류의 가치는 무엇을 지향했는가? 무지에서 유지로, 욕망의 비움에서 욕망의 충족으로, 빈곤에서 풍요로, 근검생활에서 소비생활로, 복귀에서 팽창으로, 공존에서 지배로, 정신문명에서 물질문명으로 탈출을 시도했던 세기였다. 이제 21세기 인류는 이러한 유위적인 가치의 패러다임을 과감하게 전환하지 않으면 안 되는 중대한 전환점에 서 있다. 유지에서 무지로, 욕망을 채움에서 비움으로, 풍요함에서 검소함으로, 소비에서 근검절약으로, 팽창에서 회귀로, 지배에서 상생相生으로, 물질문명에서 정신문명으로, 인류는 과감하게 무위에 기초한 삶의 가치와 패러다임에로 전환해야 할 때이다.

예수는 생명의 특성을 '저절로(Automatos)'에서 찾았다. 노자는 무지無知, 무욕無欲, 무위자연無爲自然의 삶을 제창하였다. 이들이 제창한 '스스로 그러한 삶'의 회복이야말로 21세기 인류를 살리고 자연을 살리는 유일한 대안이 될 것이다.

20세기 인류가 쌓아온 인위적인 물질문명을 비판한 비틀즈Beatles의 노래 가운데 'Let it be!'가 있다. 'Let it be!'야말로 인위성에 바탕을 둔 현대자본주의 물질문명을 비판하는 노자의 무위자연 사상의 현대적 부활이라고 말할 수 있다.

When I find myself in times of trouble, Mother Mary comes to me,
Speaking words of wisdom, Let it be!
And in my hour of darkness, she is standing bright in front of me,
Speaking words of wisdom, Let it be!

Let it be! Let it be! Let it be! Let it be!
Whisper words of wisdom, Let it be!

And when the broken hearted people, living in the world agree,
There will be an answer, Let it be!
For though they may be parted, there is still a chance that they will see,
There will be an answer, Let it be!

Let it be! Let it be! Let it be! Let it be!
There will be an answer, Let it be!

Let it be! Let it be! Let it be! Let it be!
Whisper words of wisdom, Let it be!

And when the night is cloudy, there is still a light that shines on me,
shine until tomorrow, Let it be!
I wake up to the sound of music, Mother Mary comes to me,
Speaking words of wisdom, Let it be!

Let it be! Let it be! Let it be! Let it be!
There will be an answer, Let it be!

Let it be! Let it be! Let it be! Let it be!
There will be an answer, Let it be!

Let it be! Let it be! Let it be! Let it be!
Whisper words of wisdom, Let it be!

주석

1) Aloysius Pieris, *The Asian Theology of Liberation*, 성염 역, 『아시아 해방신학』, 분도출판사, 1988. 아시아에는 가난한 나라들이 절대 다수를 차지하고 있기 때문에 가난의 영성이 발달한 대륙이며, 동시에 세계의 경전 종교들, 곧 불교, 힌두교, 유교, 도교, 기독교가 모두 아시아에서 태어났기 때문에 종교성이 강한 대륙이라는 것이다. 아시아 기독교는 이러한 아시아의 영성을 매개로 하여 기독교 복음을 증언해야 함을 피에리스는 주창한다.

2) 동상, pp.91-92.

3) 안병무에 앞서, 한국의 문화전통이나 동양사상을 근거로 신학의 패러다임 전환을 시도했던 학자들이 없었던 것은 아니다. 윤성범은 율곡의 '성誠'을 한국 사상의 준거로 삼아 '성(誠)의 신학'을 제창한 바 있고, 유동식은 최치원의 풍류도風流道를 한국 종교문화의 핵으로 삼아 '풍류風流신학'을 전개한 바 있고, 이들의 토착화 신학이 한국의 문화 토양 위에 기독교 복음을 접목시키려는 제도였다면, 변선환은 동양종교, 특히 불교사상을 토대로 서구 전통주의 신학을 비판적으로 극복하려는 데 중점을 두고 토착화 신학을 전개하였다. 최근에 들어서는 성서에 내면화되어 있을 동양적 思惟사유의 요소들을 찾아내거나 아니 한국 다채로운 동양종교의 텍스트들 가운데 성서의 메시지와 서로 통하는 것들을 찾아내어 양자를 사상적으로 비교 연구함으로써, 동양신학의 한 모델을 새롭게 구성해보려는 움직임들도 찾아볼 수 있다.(이정배, 박재순, 김흡영)

4) 안병무, 『기독교 개혁을 위한 신학』, 한국신학연구소, 2001, p.517.

5) 박재순, 「안병무 신학사상의 계보: 유영모, 함석헌, 안병무」『안병무 신학사상의 맥』 1, 심원안병무선생기념사업위원회 편, 한국신학연구소, 2008, pp.39-66.

6) 함석헌, 『함석헌 전집 14』, 한길사, 1985, p.323. '大學之道 在明明德 在親民 在止於止善'을, 유영모는 '한 배움 길은 밝은 속알 밝힘에 있으며 씨알 어뵘에 있으며, 된 데 머묾에 있느니라'로 옮겼다. '재친민'을 '씨알 어뵘'으로 읽음으로써, 그는 배운다는 것은 다른 것이 아니라, '마치 어버이 뵈옵는 것처럼, 민을 섬기고 돌보는' 것이라고 하였다. 유영모는 민(民)을 천대하지 말고, 어버이처럼 받들고 섬겨야 할 존재로 여겼다.

7) 조선민족의 고난과 그리스도의 고난 사이의 관계론적 이해에는 일본 근대사에서 볼 수 있는 우찌무라 간조(內村鑑三)의 민족주의 노선을 띤 일본기독교를 연상시킨다. 1923년 함석헌은 남강 이승훈의 주선으로 동경 유학길에 오른다. 그는 김교신과 함께 우찌무라가 주관하는 성서연구회에 참석하면서 깊은 감명을 받았다. 우찌무라의 가르침을 통해서 함석헌은 민족주의와 기독교 신앙은 하나로 통전될 수 있다는 확신을 가지게 되었고, '신앙'과 '민족'을 두 바퀴로 하는 독창적인 민족사관을 형성하였다. 김명수, 「함석헌의 씨알과 종교사상」, 『씨알의 소리』, 함석헌기념사업회, 2004, 통권 제178호, p.49.

8) 박재순, 『다석 유영모』, 제9장, 현암사, 2008.

9) 김흥호, 『제소리』, p.220.

10) 박재순, 『다석 유영모』, pp.135-137.

11) 로렌츠가 발견한 '나비효과' 이론이나 그것을 다른 영역으로 확대 적용하고 있는 '프랙탈 이론' 등 카오스 이론은 우주만물이 독립된 실체로 존재하는 것이 아니라 서로 연결되어 한 몸을 이루고 있음을 보여준다.

12) P. Tillich는 기독교의 하느님을 개별 존재의 그루터기(Being of Beings), 또는 모든 존재의 터전(Ground of Beings)이라고 한다.

13) 이러한 불교의 공사상은 그리스도인에게도 사물을 바로 볼 수 있는 지혜를 준다. 사물이 존재 근거를 자신에게 두지 않고 다른 것에 의존되어 있다는 사실은, 모든 사물이 지나가는 것이요, 상대성을 지니고 있음을 말한다. 또한 우리로 하여금 사물 사이의 차별을 지양하게 함으로써 대립과 갈등을 극복하게 해 준다. 모든 사물은 존재의 필연성이 결여되어 있다. 한때는 없었고, 언젠가는

없을 수 있는 우연적 존재이다. 하느님으로부터 잠시 동안 존재를 부여받았을 뿐이다. 없을 수 있는 것들이 있다는 것은 무유지유無有之有로서의 존재의 신비차원을 나타내준다. 기독교는 유한한 피조물의 있음과 차원을 달리하는 절대유絶對有 또는 필연유必然有로서의 하느님을 말한다. 중세 기독교 신비가인 마이스터 엑카르트는 대상적 존재자로서의 신(Gott)과 구별하여 언어와 개념을 초월한 하느님 자체로써의 신성(Gottheit)에 대해 말했다. 그는 대상화된 신으로부터 자유롭게 해 달라고 기도했다.

14) 『도덕경』 14장. 장자는 '형체 아닌 형체(不形之形)'로 규정한다. 이러한 예는 힌두교에서도 발견된다. 힌두교에서는 궁극적 실재로서 브라만Brahman을 설명할 때 부정 표현을 쓴다. '이것일 수도 저것일 수도 없다(Neti-Neti)'는 것이 브라만이다. 토마스 아퀴나스Thomas Aquinas도 '신에 대하여 알 수 있는 유일한 사실은 우리가 신에 대해서 아무 것도 알 수 없다는 것뿐'이라고 했다. 유영모는 하느님에 대해서 인식의 대상을 초월한 '모름지기'를 말했다. 모름을 지킬 때 이성과 관념의 틀에서 벗어나 진리의 세계로 나아갈 수 있다. 박재순, 『다석 유영모』, pp.190-191.

15) 그렇게 함으로써 도가철학이 의도하는 바는 무엇인가? 아마도 그것은 인간사회의 자연화일 것이다. 노자는 '도를 잃은 뒤 덕이 있게 되고, 덕을 잃은 뒤 인이 생기고, 인을 잃은 뒤 의가 생기고, 의를 잃은 뒤 예가 생기고, 예는 충신忠信이 엷어진 것이요 사회 혼란의 주범'이라고 하였다. 『도덕경』 38장 여기에서는 인의예仁義禮라는 인위성에 기초한 사회질서와 자연질서의 관계를 말하고 있다. 사회질서는 어디까지나 자연질서의 바탕 위에 세워져야 하고 자연질서의 표현방식이어야 한다는 것이다. 자연질서와 사회질서의 이러한 관계성은 인간이 어떻게 개인의 자유를 침해받지 않으면서 동시에 공동체 질서와 조화를 이루며 살아갈 수 있는가의 문제와 직결된다. 우주만물의 자연질서에 근거하여 인간 사회질서를 확립하려는 것이 도가철학의 지향점임을 알 수 있다.

16) 원정근, 『도가철학의 사유방식』, 법인문화사, 1997, p.12.

17) 『다석어록』, p.72.

18) 유영모에게 있어서 '가이'는 경계, 테두리, 끝, 한계를 뜻한다.

19) "있다는 것도 참으로 있는 것이 아니고 없다는 것도 참으로 없는 것이 아니다. 생사에 빠진 미혹과 환상에서 유니 무니 야단이다. 객관적으로 있느니 없느니를 아는 사람은 없다. 다만 우리의 감각이 있을 뿐이다." 박영호, 『진리의 사람 유영모』 하, 두레, 2001. p.198.

20) 유영모, 『다석 유영모 어록: 다석이 남긴 참과 진리의 말씀』, 두레, 2002. 유영모는 매일 그가 살아 온 날들을 합산하여 일지에 기록하는 습관이 있었다. 예를 들면 1959년 6월 18일 목요일은 그가 태어나 25299일을 산 날이다.(1959. 6. 18. 목 25299)

21) 원정근, 위 책, p.204. 유영모도 하느님을 태일(太一)로 설명한다. 박영호, 『다석 유영모 명상록』, 두레, 2000, pp.328-330.

22) 『장자』, 「추수」, 원정근, 위 책, p.202.

23) 20세기 한국불교가 낳은 세계적인 선승 숭산은 '오직 모를 뿐' 그리고 '오직 할 뿐'을 강조했다. 데 가르트가 '나는 생각한다. 고로 존재한다(Cogito Ergosum)'라는 명제를 남겼다면, 숭산은 '나는 생각하지 않는다. 고로 존재하지 않는다(Non Cogito, Ergo Non Sum)'라는 유명한 선어禪語를 남겼다. 생각을 끊어버림으로써 에고Ego가 사라진 그 자리에서 우리는 유영모가 체험한 '없이 계신 하느님'을 만나게 될 것이다. 박재순, 위 책, pp.194-195.

24) 금강경 4구게에는 '若見諸相非常卽見如來'라는 구절이 있다. 일체의 형상이, 형상이 아님을 볼 때, 진리를 보게 된다는 것이다. 일체의 상에 대한 해체, 곧 공空사상을 말한다.

25) 박재순, 위 책, pp.111-112.

26) 박영호 편, 『씨알의 메아리』, p.124.

27) 『함석헌 전집』 1, pp.15-16.

28) 『함석헌 전집』 14, pp.365-366.

29) 함석헌의 생애에 대해서는 『함석헌 전집』 4, p.201 이하. 김성수, 『함석헌 평전』, 삼인출판사, 2003.

30) 『함석헌 전집』 4, p.201.

31) 『함석헌 전집』 14. p.323.

32) 민民이 봉건시대를 나타낸다면 씨알은 민주주의 시대를 나타낸다고 함석헌은 말한다. 『함석헌 전집』 14, p.329.

33) 위 책, p.329.

34) 위 책, p.350.

35) 위 책, pp.360-361.

36) 위 책, pp.360-361.

37) 『함석헌 전집』 20, pp.132-133.

38) 『함석헌 전집』 14, p.372.

39) 김용정, 「힌두이즘의 우주관과 자연관」, 『동양사상과 환경문제』, 한국불교환경교육원 엮음, 도서출판 모색, 1996, 제6장.

40) 함석헌, 위 책, pp.374-375.

41) 위 책, p.376.

42) 『함석헌 전집』 4, p.379.

43) 『함석헌 전집』 14, p.385.

44) 위 책, p.383, p.386.

45) 위 책, p.44.

46) 박재순은 씨알사상의 맥脈을 다음과 정리하고 있다. "씨알사상의 씨를 뿌린 것은 안창호이고, 하나의 옹근 씨알이 되어 싹을 틔운 것은 이승훈이고, 씨알의 뿌리를 깊이 심어 그 뿌리가 하늘에 닿게 한 것은 유영모이고, 씨알의 줄기와 가지, 잎과 꽃과 열매를 맺은 것은 함석헌이다."(박재순, 『씨알사상』, 2010, p.103)

47) 『함석헌 전집』 20, p.31. 이하.

48) 『함석헌 전집』 3, p.166. 『함석헌 전집』 11, p.23. 『함석헌 전집』 12, p.178.

49) 『함석헌 전집』 3, pp.151-166.

50) 『함석헌 전집』 20, p.4-5.

51) 위 책, p.71.

52) 『함석헌 전집』 3, p.144.

53) 위 책, pp.35-48. 함석헌은 한국교회의 몰이성적沒理性的인 교파 싸움, 성령운동, 교회 건물 세우기를 신랄하게 비판하면서 한국교회가 고혈압 증세를 보인다고 한다. 예수가 오늘 우리에게 온다면 예배당을 헐라고 명령하실 것이다. 교회가 외형적인 건물 짓기에 관심을 기울이는 것은 내부의 생명이 고갈되었을 때 일어나는 현상이다. 예수는 어디에서 예배를 드렸는가? 광야에 가면 벌판에서, 바닷가에 가면 해변에서, 밭에 가면 밭고랑에서, 시장에서는 우물가에서 예배를 드렸다. 민중이 있는 그곳이 곧 예배 장소였다. 예수는 민중을 찾아가 가르치다가 저물면 그대로 보낼 수 없어 많거나 적거나 간에 같이 나눠먹고 밤이면 홀로 산에 올라 별을 보고 기도하였다. 이러한 예수의 예배하는 모습을 한국교회는 잃어버렸다고 함석헌은 지적한다.(p.47)

54) 『함석헌 전집』 1, p.12.

55) 『함석헌 전집』 3, p.103.

56) 『함석헌 전집』 6, 257.

57) 한의신, 『요한일·이·삼서』, 성서주석 49, 대한기독교서회, 1993, pp.246-247.

58) 박재순, 위 책, p.47.

59) 『함석헌 전집』 4, p.344.

60) 『함석헌 전집』 14, p.91.

61) 『함석헌 전집』 10, p.327.

62) 『함석헌 전집』 14, p.351.

63) 이에 대해서는 박재순, 「안병무 신학사상의 계보: 유영모. 함석헌. 안병무」, 심원기념사업회 편, 안병무『신학사상의 맥 1』, 한국신학연구소, 2003. 박재순은 위 논문에서 한국 기독교 근대사상사에서 중요한 위치를 차지하고 있는 세 인물의 사상적 흐름의 맥(脈)을 객관적인 시각에서 심도 있게 다루고 있다.

64) 『함석헌 전집』 3, p.154.

65) 『함석헌 전집』 15, p.357.

66) 대담, 「생명과 민중신학」, 『민중신학』 창간호, 한국신학연구소, 1995, p.21.

김명수

김명수는 성균관대학교, 한국신학대학교, 동대학원을 졸업한 후 독일 함부르크대학교 신학부에서 "예수 말씀(Q) 복음서" 연구로 신학박사학위를 받았다.

한국신학연구소 학술부장, 부산신학대학교 교수를 거쳐 현재 경성대학교 교수로 있다. 독일 함부르크대학교 선교아카데미 연구원, 미국 샌프란시스코 신학대학교 객원교수, 일본 서남학원대학 교환교수를 역임했다.

『역사적 예수의 생애』(한국신학연구소), 『큐복음서의 민중신학』, 『역사와 민중의 증언자 안병무』, 『원시그리스도교에 대한 사회학적 연구』를 비롯하여 20여 권이 넘는 저·역서가 있다.

씨알사상과 민중신학

초판인쇄 | 2012년 1월 5일
초판발행 | 2012년 1월 5일

지 은 이 | 김명수
펴 낸 이 | 채종준
펴 낸 곳 | 한국학술정보㈜
주   소 | 경기도 파주시 문발동 파주출판문화정보산업단지 513-5
전   화 | 031) 908-3181(대표)
팩   스 | 031) 908-3189
홈페이지 | http://ebook.kstudy.com
E-mail | 출판사업부 publish@kstudy.com
등   록 | 제일산-115호(2000. 6. 19)

ISBN   978-89-268-2871-7 93230 (Paper Book)
        978-89-268-2872-4 98230 (e-Book)

내일을여는지식 은 시대와 시대의 지식을 이어 갑니다.